GESTÃO DE CARREIRA

Dados Internacionais de Catalogação na Publicação (CIP)

K95g   Kuazaqui, Edmir.
       Gestão de carreiras / Edmir Kuazaqui ; [editora de conteúdo : Sirlene M. Sales]. – São Paulo, SP : Cengage, 2016.

       Inclui bibliografia e glossário.

       ISBN 978-85-221-2869-3

       1. Trabalho. 2. Carreira. 3. Competências humanas. 4. Mercado de trabalho. 5. Qualificações profissionais. I. Sales, Sirlene M. II. Título.

                                               CDU 331.5
                                               CDD 331.1

Índice para catálogo sistemático:

1. Trabalho   331.5

(Bibliotecária responsável: Sabrina Leal Araujo – CRB 10/1507)

GESTÃO DE CARREIRA

∴ CENGAGE

Austrália • Brasil • México • Cingapura • Reino Unido • Estados Unidos

Gestão de Carreira

Autor: Edmir Kuazaqui

Gerente editorial: Noelma Brocanelli

Editora de desenvolvimento:
Gisela Carnicelli e Regina Plascak

Editora de Conteúdo: Sirlene M. Sales

Revisão:
Eduardo Kobayashi e Aline Marques

Diagramação e Capa:
Marcelo A. Ventura

Imagens usadas neste livro por ordem de páginas:
Sergey Nivens/Shutterstock, T. L. Furrer/Shutterstock, Odua Images/Shutterstock, Andresr/Shutterstock, PeterMooij/Shutterstock, g-stockstudio/Shutterstock, docstockmedia/Shutterstock, Minerva Studio/Shutterstock, Sergey Nivens/Shutterstock, kaarsten/Shutterstock, jannoon028/Shutterstock, Mathias Rosenthal/Shutterstock, Rawpixel/Shutterstock, Edyta Pawlowska/Shutterstock, Lasse Kristensen/Shutterstock, Filipe Frazao/Shutterstock, Cio/Shutterstock, Konstantin Chagin/Shutterstock, Gajus/Shutterstock, wavebreakmedia/Shutterstock, Andrey_Popov/Shutterstock, Sergey Nivens/Shutterstock, alphaspirit/Shutterstock, Michael D Brown/Shutterstock, Matej Kastelic/Shutterstock, Kidsana Maimeetook/Shutterstock, Sam72/Shutterstock, auremar/Shutterstock, leedsn/Shutterstock, Dusit/Shutterstock

© 2016 Cengage Learning Edições Ltda.

Todos os direitos reservados. Nenhuma parte deste livro poderá ser reproduzida, sejam quais forem os meios empregados, sem a permissão por escrito da Editora. Aos infratores aplicam-se as sanções previstas nos artigos 102, 104, 106, 107 da Lei nº 9.610, de 19 de fevereiro de 1998.

Esta editora empenhou-se em contatar os responsáveis pelos direitos autorais de todas as imagens e de outros materiais utilizados neste livro. Se porventura for constatada a omissão involuntária na identificação de algum deles, dispomo-nos a efetuar, futuramente, os possíveis acertos.

Esta editora não se responsabiliza pelo funcionamento dos links contidos neste livro que possam estar suspensos.

Para permissão de uso de material desta obra, envie seu pedido para
direitosautorais@cengage.com

© 2016 Cengage Learning Edições Ltda.
Todos os direitos reservados.

ISBN 13: 978-85-221-2869-3
ISBN 10: 85-221-2869-3

Cengage Learning Edições Ltda.
Condomínio E-Business Park
Rua Werner Siemens, 111 - Prédio 11
Torre A - Conjunto 12
Lapa de Baixo - CEP 05069-900 - São Paulo - SP
Tel.: (11) 3665-9900   Fax: 3665-9901
SAC: 0800 11 19 39

Para suas soluções de curso e aprendizado, visite
www.cengage.com.br

Impresso no Brasil
Printed in Brazil

Apresentação

Com o objetivo de atender às expectativas dos estudantes e leitores que veem o estudo como fonte inesgotável de conhecimento, esta **Série Educação** traz um conteúdo didático eficaz e de qualidade, dentro de uma roupagem criativa e arrojada, direcionado aos anseios de quem busca informação e conhecimento com o dinamismo dos dias atuais.

Em cada título da série, é possível encontrar a abordagem de temas de forma abrangente, associada a uma leitura agradável e organizada, visando facilitar o aprendizado e a memorização de cada assunto. A linguagem dialógica aproxima o estudante dos temas explorados, promovendo a interação com os assuntos tratados.

As obras são estruturadas em quatro unidades, divididas em capítulos, e neles o leitor terá acesso a recursos de aprendizagem como os tópicos *Atenção*, que o alertará sobre a importância do assunto abordado, e o *Para saber mais*, com dicas interessantíssimas de leitura complementar e curiosidades incríveis, que aprofundarão os temas abordados, além de recursos ilustrativos, que permitirão a associação de cada ponto a ser estudado.

Esperamos que você encontre nesta série a materialização de um desejo: o alcance do conhecimento de maneira objetiva, agradável, didática e eficaz.

Boa leitura!

Prefácio

Estruturada em quatro partes, o leitor encontrará nesta obra um estudo conciso sobre Gestão de Carreira.

Didaticamente organizada, o leitor vai encontrar, logo nas primeiras unidades, um interessante debate acerca das principais diferenças entre emprego, empregabilidade e carreira.

No decorrer do estudo, o autor aborda a importância da valorização e do planejamento de uma carreira, ocasião em que é apresentado um importante estudo sobre os diversos aspectos organizacionais de uma empresa e os vários modelos de carreira passíveis de se seguir no âmbito de uma companhia.

A terceira unidade vai tratar do plano de carreira individual e as condutas empreendedoras mais comuns observadas no mercado profissional. Neste tópico, também, são tratadas as diversas gerações de profissionais identificadas atualmente em atividade.

Na quarta unidade, o autor discorre sobre os novos rumos da gestão empresarial e os cuidados que o profissional poderá tomar ao estabelecer os critérios de escolha para a sua carreira.

Cada parte do trabalho apresenta um questionário com perguntas para o leitor verificar a compreensão do assunto.

Desejamos uma excelente leitura e um aprendizado produtivo.

UNIDADE 1
ASPECTOS GERAIS

Capítulo 1 Introdução, 10

Capítulo 2 Emprego, Empregabilidade e Carreira, 11
  Objetivos de aprendizagem, 11
  A realidade do fim dos empregos formais, 11
  Trabalho, emprego formal, carreira e empregabilidade, 12
  O primeiro emprego, 16
  Recomendações para a obtenção de um bom emprego, 17
  Diagnóstico pessoal, 19
  Plano de Desenvolvimento Individual (PDI) e portfólio, 21
  As competências humanas necessárias, 22
  Planejamentos da carreira, 24
  Implantação de um projeto de vida profissional, 25
  Resumo por tópicos, 26

Glossário Unidade 1, 27

1. Introdução

Com a abertura de mercados no cenário internacional, o país tem enfrentado a concorrência de empresas que emigram de seus respectivos países para o nosso território, trazendo recursos econômicos, financeiros, produtivos e humanos. Desta forma, a concorrência pelos mercados consumidores tem se acirrado, bem como a procura de colaboradores e talentos organizacionais que supram as necessidades das empresas e, igualmente, aos anseios pessoais de seu público interno (*stakeholder*).

Por outro lado, a sociedade tem evoluído para uma realidade em que as empresas procuram reduzir seus custos e despesas por meio de intensivos programas de automatização e informatização, além de buscar a otimização de processos e novas formas de gerenciamento. Tais fatos conduzem a uma série de mudanças na gestão estratégica das empresas, cuja reestruturação leva a uma redução de postos de **trabalho** e alterações nos cargos e salários, no sentido de as tornarem mais flexíveis e resilientes em relação às mudanças e transformações do mercado doméstico e internacional.

Dessa maneira, pensando sob o ponto de vista da empresa, esta deverá ter em seu planejamento estratégico formas de identificar, atrair, selecionar e manter profissionais habilidosos e competentes que possam fazer a diferença no ambiente organizacional e que se constituam como um verdadeiro diferencial competitivo. Além disso, a gestão de talentos humanos se torna um importante recurso para se obter melhores e maiores resultados empresariais.

Por outro lado, o profissional deve estar ciente de suas potencialidades e limitações, estabelecendo um planejamento individual de carreira de forma a suprir suas necessidades de evolução pessoal e crescimento profissional, contribuindo, assim, para um melhor desempenho da empresa onde efetivamente presta seus serviços, bem como para o desenvolvimento da sociedade como um todo.

A gestão de carreiras se torna, então, um importante instrumento tanto ao profissional como para a empresa, possibilitando a organização e a administração de recursos a partir de objetivos e metas pessoais e profissionais. Desta forma, pode-se perceber e refletir a respeito da importância do planejamento estratégico, no sentido de consolidar os resultados pessoais e corporativos a partir das diferentes demandas do mercado.

2. Emprego, Empregabilidade e Carreira

Esta unidade pretende definir e discutir conceitos como **trabalho**, **emprego formal**, **carreira** e **empregabilidade**, de uma forma contemporânea. Pretende, também, discutir dentro desse contexto as razões da necessidade de o profissional diagnosticar e desenvolver suas potencialidades, para que possa dispor da empregabilidade e diferenciação necessárias ao enfrentamento de desafios e da competitividade contemporânea. A unidade procura discutir formas de o indivíduo gerenciar sua vida útil profissional, para que possa atingir efetivamente seus objetivos.

Objetivos de aprendizagem:

- Discutir os conceitos de **emprego**, empregabilidade e carreira no contexto da realidade da globalização e da diminuição dos empregos formais.
- Apresentar as **competências** individuais e discutir sua importância para o desenvolvimento do plano de carreira individual-profissional e dos negócios da empresa.

A realidade do fim dos empregos formais

Rifkin (1996) já alertava sobre a realidade crescente do fim dos empregos formais e o **desemprego estrutural**, ocasionando desequilíbrios econômicos e sociais em nível global. Esta realidade foi sustentada pelo aumento da automação e informatização. Entende-se por **empregos formais** aqueles que vinculam empresas e profissionais, garantindo direitos e deveres para ambas as partes. Considera-se como **desemprego estrutural** a eliminação de cargos e funções nas empresas, a partir da necessidade destas ajustarem seus custos e despesas.

Além disso, outro fator, a abertura dos mercados internacionais, possibilitou a emigração de empresas para outros países, levando consigo seus recursos econômicos, financeiros, tecnológicos e humanos. Com isso, houve o aumento da competitividade em todos os níveis, inclusive no que se refere à mão de obra especializada. Esta relação não é uma via de mão única. Muito pelo contrário. Existem oportunidades no país para os estrangeiros, da mesma maneira que elas estão disponíveis para expatriados brasileiros em outras nações.

Por essas razões é que um planejamento de carreira se faz importante ao profissional, bem como para a empresa, no sentido de poder acompanhar as tendências e aproveitar as oportunidades de mercado. Neste aspecto, torna-se necessário definir alguns termos, dentro do conteúdo deste livro, como **trabalho**, **emprego formal**, **carreira** e **empregabilidade**.

Trabalho, emprego formal, carreira e empregabilidade

Conta uma antiga história que três homens quebravam pedras em uma pedreira. Ao serem perguntados sobre o que faziam, o primeiro respondeu: "estou quebrando pedras"; o segundo arguiu: "estou ganhando dinheiro para o sustento de minha família"; enquanto que o terceiro disse: "pretendo construir uma igreja". Tal história pode nos fazer refletir sobre a importância do trabalho para cada um.

- Trabalho pode ser definido como um conjunto de atividades representadas por esforços realizados por indivíduos, objetivando atingir metas de ordem econômica. Por meio da realização do trabalho, o indivíduo consegue satisfazer suas necessidades pessoais (como a autossatisfação), bem como realizar seus objetivos de vida, interagindo com os membros da sociedade e da comunidade da qual faz parte. Por vezes, o trabalho pode estar relacionado às satisfações individuais e sociais, nem sempre estando subordinado diretamente às responsabilidades corporativas, no sentido de comportar uma linha de comando funcional e vínculo empregatício mais formal. Artesãos podem dedicar seu tempo e esforço a fim de criar formas que façam sentido de modo criativo e inovador, e comercializar seus produtos em feiras e locais similares.

- Emprego formal é toda atividade temporária que envolve um vínculo profissional e formal, constituindo-se a relação entre empregador-empregado, fazendo surgir direitos e deveres trabalhistas ao profissional que, pelos serviços prestados, passa a perceber uma remuneração financeira ao final de cada período estipulado entre as partes. No Brasil, o emprego pode estar subordinado à

Consolidação das Leis do Trabalho (CLT), aos contratos legais que firmam o vínculo entre empregado e empregador, incluindo o estágio supervisionado, bem como as convenções coletivas, instituídas entre os sindicatos dos empregados e empregadores. O conceito surgiu após a Revolução Industrial e se popularizou com o crescimento e evolução do capitalismo pelo mundo. O termo "temporário" reside no fato de que o profissional pode atuar em diferentes empresas ao longo da sua vida. Portanto, trabalho e emprego devem ser vistos sob o ponto de vista do tempo presente.

- O termo carreira pode ser definido, dentro da perspectiva do indivíduo, como um conjunto de decisões que ele, como profissional, terá de tomar ao longo de sua vida útil de trabalho, não necessariamente em uma só empresa. Ela decorre de uma série de ações e decisões sequenciais, objetivando um futuro esperado. Sob a ótica da empresa, esse mesmo termo pode caracterizar o conjunto histórico de atividades e resultados obtidos por meio de trabalhos formais exercidos por empregados que puderam (e podem) influenciar a existência dessas companhias. Portanto, quando se considera a gestão de carreira, esta deve ser vista sob o ponto de vista do indivíduo, ao longo de sua vida profissional, do mesmo modo que deve ser pensada sob o panorama da empresa, em que a gestão de carreira deve ocorrer durante o período que permeia o vínculo empregatício do empregado. Pode-se entender que o profissional, no decorrer da sua trajetória de trabalho, venha a ter uma sequência de carreiras que objetivam atender às suas necessidades pessoais, financeiras e sociais. E, paralelo a isso, ocorrem os investimentos necessários em formação, treinamento e capacitação.

- Carreira remete à ideia de empregabilidade, para a qual uma das definições pode estar associada à capacidade de adequação do profissional às novas tendências do mercado. Também trata da capacidade de o trabalhador possuir as habilidades e competências necessárias para se tornar o objeto de desejo das empresas.

Trabalho e emprego diferem de forma significativa, dependendo da época e do país onde os fenômenos são analisados. Países como o Japão possuem um sistema integrado e holístico em que, a partir do ingresso no ensino superior e a conquista de boas médias, o indivíduo possa entrar em uma empresa na qual o relacionamento profissional perdurará por toda a sua vida útil de trabalho, até a sua aposentadoria.

Em outros países, com a economia livre e a livre iniciativa, essa mobilidade pode ser mais flexível, dependendo de fatores situacionais (fatores externos como clima e conjuntura, que podem influenciar a demanda da empresa), bem como estruturais (que estão diretamente relacionados à estrutura econômica e política), como ocorre nos Estados Unidos da América (EUA) ou mesmo no Brasil.

Em decorrência da globalização e do aumento do desemprego estrutural, profissionais devem procurar se adaptar às diferentes mudanças e transformações globais. Dessa forma, a adequação vocacional, competência profissional, **idoneidade**, saúde física e mental, reserva financeira, fontes alternativas de renda e relacionamentos são as bases da **empregabilidade**, segundo Minarelli (1997). A perfeita somatória desses alicerces oferece a capacidade de obter trabalho, de trabalhar e de ganhar dinheiro, e o esforço advém do próprio indivíduo, do próprio reconhecimento como modificador e gerador de negócios.

Ampliando a definição, empregabilidade é (1997, p. 37) "a condição de dar emprego ao que se sabe a habilidade de ter emprego. A empregabilidade já é praticada sob a forma de política ou de orientação, principalmente para as áreas de treinamento e desenvolvimento". Em outras palavras, é a condição do empregado de ser empregável, conseguida por meio de educação e treinamento contínuo, sintonizados com as novas necessidades do mercado de trabalho global. A empregabilidade traduz, essencialmente, os critérios valorizados pelas empresas.

Um profissional com empregabilidade alta tem as suas chances de atuação ampliadas pela grande atratividade que exerce em contratantes potenciais, devido à sua contribuição e facilidade em ajustar-se às novas demandas empresariais. O profissional terá condições de estabelecer novos rumos, novas direções e um novo sentido à sua vida e carreira, ajustando-se aos novos tempos. O termo **empregabilidade** é amplo e merece destaque, uma vez que a segurança profissional não é originada somente pela capacidade técnica do indivíduo para executar funções, mas de uma somatória de fatores profissionais, humanos e sociais.

A empregabilidade e a conquista de estabilidade profissional e financeira consistem em desenvolver e investir na própria carreira construindo bases próprias e visíveis a qualquer organização que tenha um bom sistema de detecção de valores e talentos humanos. Minarelli estabelece seis pilares que garantem a segurança profissional do indivíduo:

- **Adequação da profissão à vocação**, em que o profissional trabalha com o que gosta e tem maior afinidade, oportunidade em que os conceitos de trabalho e emprego podem se confundir. Pessoas que desempenham atividades pelas quais tem afinidade e apreço tendem a ter maior motivação e a obter melhor produtividade. Em síntese: fazer o que gosta é algo produtivo. A adequação vocacional deve estar, preferencialmente, alinhada à formação acadêmica e à experiência de vida e profissional do indivíduo.

- **Competências**, refere-se ao preparo técnico e as habilidades necessárias para desempenhar as atividades de trabalho. É notória a importância de um grupo de colaboradores com habilidades (relacionadas, geralmente, ao processo de como fazer) e competências (vinculadas aos resultados) necessárias para a continuidade e bom desempenho na e da empresa. Em geral, as pessoas podem "nascer" com as habilidades e as competências devem ser construídas e aprimoradas. O grande desafio é ter, na empresa, um grupo de colaboradores cujas habilidades e competências se completem e criem sinergia para a obtenção de melhores resultados.

- **Idoneidade**, que trata dos valores e parâmetros morais, éticos e responsabilidades sociais individuais, que devem estar de acordo com os valores, posturas, atitudes e políticas de cada empresa onde o profissional exerce suas atividades de trabalho e emprego. Trata-se, além de comportamentos e atitudes corretos do ponto de vista político, da construção da imagem e do posicionamento do profissional dentro do ambiente de negócios.

- **Saúde física e mental**, preconizando que o corpo e a mente constituem num único elemento que converge para o sucesso pessoal e profissional. Pessoas saudáveis, inseridas em um ambiente propício, podem desempenhar melhor suas

atividades e funções. A saúde mental pode ser analisada a partir do cotidiano das pessoas, dos hábitos de leitura, costumes, e o modo como visualizam os diferentes relacionamentos.

- *Reserva financeira e fontes alternativas de aquisição de renda*, como defesa às possibilidades de necessidade de recursos financeiros, bem como na capacidade de autoinvestimento na carreira por meio de cursos e similares, ressaltando que, num ambiente globalizado, as formas de desenvolvimento e oportunidades profissionais podem, inclusive, estar em outros países. A evolução profissional envolve cursos de especialização e de capacitação, além de outros modelos que podem promover a empregabilidade. Geralmente são considerados investimentos e, como tal, geram expectativas de retornos a médio e longo prazo. Portanto, aquele que vislumbra um futuro mais promissor, deve entender que é necessário possuir fontes de recursos financeiros que possibilitem o investimento na carreira.

- *Relacionamentos*, também conhecidos como **networking**, o indivíduo, por meio de uma rede de contatos e relacionamentos, pode obter oportunidades profissionais. Esses relacionamentos não devem se restringir somente ao ambiente corporativo, mas abranger todo o sistema de relacionamentos – família, amigos, vizinhos, sociedade – em que o profissional está inserido.

O primeiro emprego

O primeiro emprego é uma experiência marcante, pela qual todos os profissionais passam. Refere-se a uma fase de incertezas e dúvidas, pelo ineditismo da situação e pela ausência de maturidade pessoal e psicológica.

No Brasil, por força de lei[1], existe o estágio supervisionado, que integra aluno e empresa, de forma a contribuir para a formação do aprendiz. Para a realização do estágio supervisionado, é condição obrigatória que o candidato esteja matriculado em um curso superior. Para muitos, o estágio supervisionado é a primeira experiência profissional. Ele tem como objetivos gerais:

- *Integrar o processo de ensino-pesquisa-aprendizagem*. Por meio da aplicação da teoria no cotidiano de uma empresa, o estudante tem a oportunidade de

---

1 Lei nº 11.788, de 25 de setembro de 2008.

compreender melhor os preceitos teóricos e práticos, incorporando experiências únicas de aprendizagem. Este processo é devidamente acompanhado por um supervisor acadêmico e outro corporativo.

- *Contribuir para a formação de um profissional que detenha um **conhecimento** amplo, profundo e articulado da realidade organizacional.* A partir da prática profissional, o estudante tem a oportunidade de participar, de maneira integrada, das atividades e ações que podem sustentar o processo decisório, bem como a liderança.

- *Oferecer uma oportunidade para o estudante elaborar uma reflexão fundamentada na área de seu maior interesse pessoal, profissional e/ou acadêmico, por meio do exercício investigatório.* Para o bom desempenho e performance de suas atividades, o estudante necessita, além dos conteúdos teóricos, pesquisar e discutir alternativas que visem propiciar os melhores resultados, de acordo com a função desenvolvida.

- *Instrumentalizar o estudante para a atitude do "aprender a aprender", de forma que, em etapas posteriores à sua graduação, sinta-se capaz de elaborar diagnósticos, planos de melhorias, programas de avaliações e interpretações compatíveis com a realidade organizacional.* O estudante deve ter a capacidade de fazer pesquisa, que vise complementar seus conhecimentos pessoais, técnicos e profissionais. Este item será aprofundado em "Instrumentos de Capacitação Acelerada".

Deve-se entender que o primeiro emprego pode significar o início de uma carreira promissora. Pensando dessa forma, independentemente dos esforços em estudar e as altas expectativas, deve-se considerar que se trata de um período de aprendizado em que, provavelmente, o candidato terá de se adaptar aos baixos salários e, quem sabe, à falta de vínculo empregatício.

Outra forma de se obter as primeiras experiências profissionais é a participação em programas de *trainee*, que fomenta a maturidade e otimiza a formação. Diferentemente do estágio, onde o candidato terá acesso a cargos mais operacionais, os programas de *trainee* possibilitam a oportunidade de inserção, no médio prazo, em cargos mais táticos. Geralmente participam do processo de seleção os alunos dos últimos semestres do curso de graduação, bem como os bacharéis recém-formados. Os programas de *trainee* requerem determinadas habilidades e competências pessoais e gerenciais específicas.

Recomendações para a obtenção de um bom emprego

É evidente que a imagem do novo profissional deve ser bem posicionada e avaliada e, dessa forma, o candidato deve ter um bom nível de argumentação, juntamente com um documento que apresente, de forma resumida, seus interesses pessoais e profissionais, com uma síntese dos principais conteúdos. Neste sentido, um bom *curriculum vitae* serve como ponto de partida para um relacionamento duradouro. Seguem três recomendações básicas, que complementam os comentários sobre empregabilidade:

- Formação acadêmica. Embora nem todos tenham condições econômicas de fazer um curso de graduação, ou mesmo pós-graduação, a formação acadêmica tende a ajudar o profissional a ter uma melhor visibilidade, por parte das empresas. Esta visibilidade pode ser incrementada, dependendo do tipo de curso e da grife da instituição de ensino superior. Em outras palavras, se a vaga requer um conhecimento mais técnico ou específico, talvez a preferência de escolha por parte do empresário seja aquela que possui um curso de tecnologia superior, em detrimento de outro que possua formação em um curso mais generalista (por exemplo, alguém que seja preterido por ter, em sua formação, um curso de tecnologia em comércio exterior, ao contrário de outrem que detenha uma graduação em Administração).

- Informação e cultura. A formação acadêmica não está relacionada ao fato de o candidato ser bem informado ou ter um conteúdo cultural adequado. Informação e cultura estão intimamente atrelados aos hábitos de leitura, busca de informações e atualizações em relação aos acontecimentos do cotidiano. É importante que o candidato esteja ambientado ao mercado onde a empresa atua, conhecendo sua dinâmica e estratégias.
- O *curriculum vitae* deve ser sucinto e completo. A recomendação é ter um documento completo, onde constem os dados e informações relevantes da

trajetória profissional e/ou acadêmica. Um bom *curriculum* deverá estar de acordo com as características de cada empresa. Existem dois pontos a considerar: o primeiro, para aqueles que ainda estão entrando no mercado de trabalho, o CV, como comumente é conhecido o *curriculum vitae*, deve expor todas as informações que levem o avaliador a perceber o perfil do candidato, mesmo que este tenha pouca ou nenhuma experiência. Para tanto, são úteis informações como presença em acontecimentos, participação espontânea em eventos e em grupos de trabalho etc. Tais informações poderão conduzir a percepção do avaliador acerca do candidato, que poderá constatar se este tem qualidades voltadas para a liderança e proatividade, por exemplo. O segundo ponto a ser levado em consideração, agora por aqueles que possuem extenso rol de experiência, é a seleção e pormenorização dos conteúdos no CV, a fim de enfatizar o anseio e o foco aos cargos propostos.

As recomendações são ações e precauções que visam facilitar a inserção e desenvolvimento do profissional no mercado de trabalho, valorizando, por conseguinte, a sua carreira. De nada adianta seguir estas recomendações se o profissional não tiver um conteúdo qualitativo a oferecer ao mercado. Da mesma forma que um produto é adquirido a partir da expectativa de satisfação de benefícios, o indivíduo deve ter determinadas qualidades que o tornem a opção preferencial por parte do empregador.

A partir da definição e discussão dos conceitos de trabalho, emprego formal, empregabilidade e carreira, de forma contextualizada no mundo corporativo, o passo seguinte é discutir como os indivíduos podem planejar, de modo mais pontual, a sua carreira profissional.

Diagnóstico pessoal

A vida profissional é cheia de imprevistos e surpresas e, desta forma, é importante um plano de carreira no sentido de estabelecer um norteamento que possibilite definir objetivos e metas, além de alocar os recursos necessários. Antes de efetuar qualquer tipo de ação, é necessário compreender o contexto no qual a pessoa está inserida, suas possibilidades, limitações e qualidades. O primeiro passo é efetuar o diagnóstico pessoal, fotografando a atual situação pessoal e profissional, existindo a necessidade do indivíduo caracterizar o seu "EU", isto é, identificar como realmente é.

Preliminarmente, é necessário fazer uma autoanálise a partir de um diagnóstico individual. Para tanto, o indivíduo deverá procurar listar suas principais características, pontuando aquelas que o tornam (ou não) desejados para o mercado de trabalho. Além disso, deverá fazer uma análise contextualizada, avaliando, de maneira exploratória, o seu passado, o presente e as possibilidades a respeito do futuro; seus recursos atuais e formas de obter outros que viabilizem a melhoria de sua vida pessoal e profissional.

Após isso, o profissional poderá conversar com amigos, familiares, colegas de classe e de trabalho no sentido de entender a percepção de outras pessoas sobre as suas potencialidades e fraquezas, qualidades e pontos de deficiência, extraindo dos comentários exemplos que os justifiquem.

Finalmente, o profissional poderá procurar um aconselhamento mais técnico, que pode ser uma empresa de consultoria em gestão de pessoas ou profissionais que possam diagnosticar e avaliar seu potencial profissional. Esta etapa nem sempre é possível, em decorrência do nível de investimento envolvido. Entretanto, é uma forma de formalizar a análise, de modo a tornar o processo de gestão de carreira mais consistente.

Em síntese, existem três formas de avaliar um indivíduo:

- Como ele se vê;
- Como os outros o veem; e
- Como ele realmente é.

Neste caso, partimos da premissa do autodiagnóstico, uma vez que geralmente o plano de carreira pode envolver certo nível de intimidade e confidencialidade de quem o elabora. Posteriormente, pode ser devidamente comparada aos resultados da pesquisa exploratória realizada com os amigos, familiares, colegas de classe e de trabalho.

Quadro I – Análise de perfil pessoal e profissional.

Descreva as características referentes à sua potencialidade.

Pontos fortes	Pontos fracos
Profissionais	Profissionais
Pessoais	Pessoais
Financeiros	Financeiros
Conclusões	Conclusões

Oportunidades	Ameaças
Profissionais	Profissionais
Pessoais	Pessoais
Financeiros	Financeiros
Conclusões	Conclusões

Fonte: Kuazaqui e Kanaane (2004, p. 82).

O Quadro I apresenta a análise da Matriz SWOT sob o ponto de vista do profissional. Primeiro, o profissional efetua o autodiagnóstico. Depois, as informações devem ser preenchidas de forma espontânea, por terceiros, no sentido de evitar vieses daqueles que as aplicam, pois geralmente existem atributos mais ou menos valorizados por cada um. O importante, nesta fase, é "escutar" o mercado, bem como receber suas recomendações individuais.

Plano de Desenvolvimento Individual (PDI) e portfólio

Kuazaqui (2006) ressalta a importância do PDI e do portfólio, no sentido de iniciar o processo de planejamento individual de carreira. O "Plano de Desenvolvimento Individual" é um documento onde o indivíduo, a partir de um diagnóstico aparente, com metas e objetivos traçados, identifica quais competências pessoais e/ou profissionais são necessárias para ter um desenvolvimento mais sustentado. Análogo ao planejamento estratégico corporativo, deve indicar os objetivos e metas a serem alcançados, recursos disponíveis e os necessários para a concretização do esperado, assim como de um cronograma.

A partir de um plano de ações, procura programar seus recursos e atividades a fim de contemplar ou desenvolver as competências. Já o portfólio é a comprovação física das competências conquistadas, como certificados, relatórios, produtos, entre outros, que comprovem o atingimento das habilidades a partir do PDI. Esse portfólio é importante, pois torna tangíveis as promessas efetuadas, tornando-se compromissos a serem cumpridos.

Como exemplo, se o profissional pretender trabalhar em serviços de engenharia, deve considerar o tempo e recursos necessários para obter o diploma de graduação e a aprovação da respectiva entidade de classe. Se pretender ser professor universitário, deverá fazer as mesmas considerações com possibilidade de participar de um curso de pós-graduação.

As competências humanas necessárias

Ambientes propícios a mudanças podem ser altamente férteis para desafios, mas estes podem ser, também, endógenos, fazendo parte das características do indivíduo. McClelland (1973) entende a competência como a conquista de um desempenho superior no desenvolvimento de uma tarefa. Para Dutra (2004), trata-se da capacidade de se entregar à organização, considerando a formação, experiência, modo de atuação e maneira de realização do trabalho solicitado. Bittencourt (2001) resume a competência em três dimensões: saber, saber fazer e saber agir.

Para o desenvolvimento de competências, é necessário identificar quais habilidades são necessárias e como promover ações que visem desenvolvê-las. Conforme a *Foundation for Leadership and Learning* (2005), as competências podem ser categorizadas de duas formas:

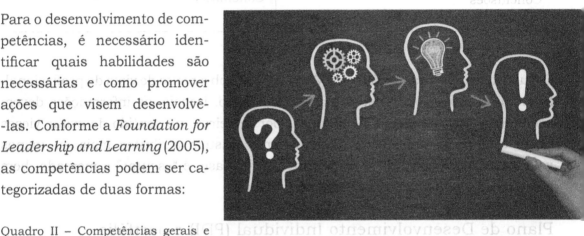

Quadro II – Competências gerais e específicas.

Competências gerais	Competências específicas
Pessoais e educacionais	Admitir posturas morais, éticas e também de responsabilidade social. Utilizar teorias e estratégias de ensino e aprendizagem.
Interpessoais	Valorizar o desenvolvimento de pessoas. Desenvolver relacionamentos e comunicação interpessoal. Trabalhar em equipe. Transitar na diversidade.
Organizacionais	Implementar mudanças, criar e inovar. Promover o desenvolvimento organizacional.
Cognitivas	Conhecer os fundamentos e teorias de liderança. Pesquisar e analisar dados. Gerir informações e gerar conhecimento.
Profissionais	Solucionar problemas e tomar decisões. Empreender e administrar. Planejar e implementar projetos.

Fonte: Adaptado de The Foundation for Leadership and Learning (2005).

As competências gerais são constituídas pelas habilidades específicas, que servem como norteadoras de como obtê-las. Mesmo assim, as habilidades específicas envolvem conceitos amplos que tornam complexo seu desenvolvimento e monitoramento, muitas vezes renegadas a metas e controles exclusivamente racionais, o que pode tornar interessante o processo de análise e mensuração, pela subjetividade envolvida, mas com a indicação de um norteamento para a empresa e profissional. Como contraponto, o Quadro III apresenta outro grupo de competências, devidamente detalhadas e contextualizadas, desta vez com a liderança.

Quadro III – Competências de Liderança.

Competências ao lidar com pessoas			
Lidar com os outros		**Comunicar e influenciar**	
Estabelecer o foco	Dar autonomia aos outros	Atenção à comunicação	Consciência interpessoal
Dar suporte motivacional	Gerenciar a mudança	Comunicação oral	Habilidade de influenciar os outros
Incentivar o trabalho em equipe	Contribuir para o desenvolvimento dos outros	Comunicação escrita	Construir relacionamentos de colaboração
Gerenciar o desempenho		Comunicação persuasiva	Orientação para o cliente
Competências ao lidar com negócios			
Prevenir e resolver problemas			**Atingir resultados**
Coleta de informações para diagnóstico			Iniciativa
Pensamento analítico			Empreendedorismo
Antecipação			Estímulo à inovação
Pensamento conceitual			Orientação para resultados
Pensamento estratégico			Eficácia
Conhecimento técnico			Determinação
Competências em autogestão			
Autoconfiança			
Gestão do estresse			
Credibilidade pessoal			
Flexibilidade			

Fonte: Cripe & Mansfield (2003, p. 25-7)

Por outro lado, Wagner III e Hollembeck (2003) apresentam, de forma contextualizada, as categorias de habilidades e competências e respectivas aplicações.

Quadro IV – Níveis de habilidades e competências.

Nível das habilidades e competências	Âmbito	Questões principais	Disciplinas e/ou áreas do conhecimento
Micro-organizacionais ou pessoais	Pessoas consideradas individualmente	Habilidade individual, motivação, satisfação	Psicologia, principalmente
Meso-organizacionais	Grupos, equipes e times	Liderança, socialização, dinâmica de grupo	Psicologia e sociologia
Organizacionais	Organização como um todo em face do ambiente	Estrutura, poder, *status*, conflito, negociação, competitividade, eficiência e eficácia, cultura	Sociologia, economia, antropologia, política

Fonte: adaptado de Wagner III e Hollembeck (2003).

Para uma melhor compreensão do que discutimos, não adotamos nenhuma categorização como referencial, uma vez que existem, além destas, outras fontes que apresentam novas definições, aplicações e categorização de competências. Um fator importante é que cada empresa deve identificar as habilidades necessárias e particulares para que haja o desenvolvimento sustentado. Somente utilizaremos a categorização de competências pessoais e profissionais para discernir o nível corporativo do pessoal.

É possível notar que as categorias de competências citadas agem de forma única e complementar, de modo que cada indivíduo poderá optar por um grupo de competências gerais ou específicas. Um administrador financeiro pode, por exemplo, ter um grupo de competências cognitivas, interpessoais, organizacionais e profissionais para atingir os resultados esperados. Cabe a cada indivíduo identificar quais competências necessita para bem atingir seus objetivos pessoais e profissionais.

Planejamentos da carreira

A carreira profissional é um longo processo. Não é arquitetada em um curto período de tempo, mas, sim, em um período duradouro ao longo de um processo e, portanto, deve se haver um prévio planejamento e uma cuidadosa definição de metas e compromissos. Além disso, precisa estar calcada em premissas que possam gerir a carreira, uma vez que não se trata de tarefa fácil. Por esta razão, o planejamento é essencial.

Implantação de um projeto de vida profissional

Clements e Guido (2014, p. 3) definem o termo "projeto" como "um esforço para se alcançar um objetivo específico por meio de um conjunto único de tarefas inter-relacionadas e da utilização eficaz de recursos". Originar-se-á a partir de uma necessidade detectada, ocasião em se deverá apresentar formalmente objetivos e metas a serem atingidas, bem como um cronograma e orçamento. Essa necessidade deve ser bem detalhada e contextualizada com o ciclo de vida da empresa e deverá ter pertinência e atender ao interesse de todos. Os objetivos e benefícios esperados a partir de sua implantação, desenvolvimento e conclusão, com detalhamento efetivo de custos, despesas e responsáveis por cada fase também necessitarão fazer parte do projeto.

O grupo que é responsável pelo projeto deverá ser selecionado de forma que os conhecimentos técnicos e conceituais de cada indivíduo contribuam de modo significativo para a obtenção de melhores resultados, tanto para o projeto em questão, como para a empresa. Cada indivíduo deve ter características, personalidade e estilos sociais, habilidades e competências que sejam integrados à equipe.

Pode-se perceber que projetos corporativos compreendem uma série de critérios e controles, pois envolvem recursos e resultados que podem contribuir para a continuidade das atividades da empresa, e igualmente dos empregos e impostos subsequentes.

Analogamente, os projetos também podem ser incorporados ao planejamento da vida profissional de pessoas. Diferentemente do projeto corporativo, o projeto pessoal envolve outros critérios e consequências, voltadas, essencialmente, ao desenvolvimento da carreira do profissional e daqueles que dependem da sua remuneração, como familiares, fornecedores (escolas, supermercados, entre outros) e, igualmente, sua geração de impostos. Entretanto, existe uma convergência importante entre os resultados dos projetos corporativos e os de origem pessoal: ambos se interconectam, pois é fato que as empresas necessitam de colaboradores internos que façam a diferença frente aos concorrentes. Nessa mesma linha de raciocínio, uma empresa pode ser uma das opções do indivíduo para satisfazer suas necessidades pessoais e profissionais.

Para tornar mais claras as afirmações, de forma pontual, a identificação das necessidades pode ser, por exemplo, a possibilidade de o indivíduo ter o seu desenvolvimento profissional alcançado dentro de três anos. Para tanto, é necessário um diagnóstico que possibilite efetuar um balanço da sua atual situação, que pode ser aperfeiçoado a partir do "Quadro I – Análise do perfil pessoal e profissional", que apresenta uma visualização mais realista da situação atual. A partir desta análise, já é possível detectar as metas e objetivos para, com isso, identificar e selecionar as competências necessárias a partir dos "Quadro II – Competências gerais e específicas" e "Quadro III – Competências de Liderança".

A partir desta fase, é possível fazer a elaboração do "Plano de Desenvolvimento Pessoal" – PDI, com a incorporação ao projeto de desenvolvimento pessoal e profissional, onde poderão estar listadas a necessidade de ingressar em um curso de graduação ou especialização, aulas em idiomas, aperfeiçoamento nas relações sociais e profissionais, devidamente acompanhados de prazos, custos e despesas a serem desembolsadas.

Concluindo, emprego, carreira e empregabilidade são conceitos diferentes, mas que se vinculam dentro do ambiente empresarial.

No âmbito desta seara, o próximo capítulo discutirá as questões voltadas para a valorização do indivíduo a partir de seu aprimoramento profissional.

Resumo por tópicos

- Trabalho, emprego formal e empregabilidade são termos muito discutidos na sociedade contemporânea, cujos significados impulsionam a sociedade sob o ponto de vista econômico, financeiro e social.
- O plano de carreira pode ser compreendido sob o viés da empresa e do empregado. Sob o ponto de vista da empresa, implica na gestão estratégica, pois considera que seu grupo de colaboradores internos faz parte de seus recursos. Sob o ponto de vista do empregado, é um compromisso pessoal que deve ser assumido a partir de seus interesses e objetivos de vida.
- Cargos são desenhos que representam a função hierárquica de uma empresa, contextualizada com as remunerações pertinentes.
- As pessoas podem ter competências pessoais e profissionais, de forma a se tornarem diferentes em relação aos seus pares e o mercado de trabalho.

Agora, após a leitura, verifique os termos do glossário e faça os exercícios! Bons estudos!

Glossário – Unidade 1

Carreira – pode ser definida, dentro da perspectiva do profissional, como uma sequência de etapas da profissão, cumpridas não necessariamente em uma só empresa.

Competência – preparo técnico e as habilidades necessárias para desempenhar as atividades de trabalho.

Conhecimento – de forma *lato* (ampla), é ter a ideia ou noção de algo, incluindo os conceitos, teorias, princípios, descrições e procedimentos. De forma mais focada, o conhecimento pode estar relacionado à capacidade das pessoas em interpretar, analisar e pôr em prática as informações apreendidas no decorrer de sua existência.

Desemprego Estrutural – eliminação de cargos e funções nas empresas, a partir da necessidade destas de ajustar seus custos e despesas.

Empregabilidade – capacidade de adequação do profissional às novas tendências do mercado.

Emprego – é toda atividade temporária que envolve um vínculo profissional e formal entre empregador-empregado, fazendo surgir direitos e deveres trabalhistas para o profissional que, pelos serviços prestados, percebe uma remuneração financeira ao final de cada período trabalhado.

Emprego Formal – aquele que vincula empresas e trabalhadores, garantindo direitos e deveres para ambas as partes.

Idoneidade – trata dos valores e parâmetros morais, éticos e responsabilidades sociais pessoais que devem estar de acordo com os valores, posturas, atitudes e políticas da empresa em que o profissional exerce suas atividades de trabalho e emprego.

Networking – local em que o trabalhador, por meio de uma rede de contatos e relacionamentos, pode obter oportunidades profissionais.

Trabalho – pode ser definido como um conjunto de atividades representadas por esforços realizados por trabalhadores, objetivando atingir suas metas de ordem econômica.

UNIDADE 2
VALORIZAÇÃO E PLANEJAMENTO DA CARREIRA

Capítulo 1 Concepções sobre estrutura, sistema de valorização e instrumentos de desenvolvimento de carreira, 31

Objetivos de aprendizagem, 31

Sistema de Valorização ou Diferenciação, 37

Avaliação de desempenho, 38

Tipos de avaliação de desempenho, 39

O processo de desligamento do profissional, 50

Capítulo 2 Conceitos e noções gerais sobre aspectos envolvidos no planejamento de carreira e instrumentos para avaliação, 51

O ambiente de negócios da empresa, 51

A responsabilidade social: considerações iniciais, 53

A influência do ambiente internacional, 54

Sistema de Informações em Recursos Humanos, 54

Informação e Comunicação, 58

Planejamento estratégico, 58

Objetivos e metas corporativas, 62

Planejamento estratégico: considerações gerais, 63

Função estratégica da Área de Recursos Humanos, 64

Terceirização (*Outsourcing*), 65

Análise interna organizacional, 66

Planejamento de Recursos Humanos, 68

Colocando as estratégias em movimento, 69

Plano de carreira do ponto de vista da empresa, 70

Gestão da remuneração, 70

Formas de valorização do público interno, 71

Organização em ambientes globalizados, 73

Seis diretrizes para se tornar global, 76

Vantagens competitivas da empresa global, 78

Recomendações estratégicas para as empresas nos próximos anos, 79

Missão, valores e visão, 80

Modelo de gestão de pessoas, 81

Recrutamento e seleção, 81

Programa de integração (ambientação) de novos empregados, 82

Remuneração e benefícios, 82

Qualidade de vida, 82

Comunicação interna, 83

Relacionamento com sindicato e terceiros, 83

Comportamento frente a demissões, 83

Ações de responsabilidade social, 84

Capítulo 3 Conclusões, 84

Glossário Unidade 2, 85

Concepções sobre estrutura, sistema de valorização e instrumentos de desenvolvimento de carreira

Esta unidade visa discutir a importância do desenvolvimento de uma estrutura formal e a composição de cargos e **salários**, níveis de função e hierarquia e, também, os controles, sistemas e instrumentos de valorização por meio de um plano de carreira transparente. Vamos discutir também a elaboração do planejamento estratégico da empresa em conjunto com a área de Gestão de Pessoas, de forma a entender a necessidade da empresa em ter uma organicidade maior, bem como contextualizá-lo com o plano de carreira pela ótica do profissional, uma vez que existe uma forte relação com o planejamento estratégico e a gestão de pessoas das empresas.

Objetivos de aprendizagem

- Discutir as diferentes formas de empresa e sua relação com as estruturas organizacionais.

- Descrever os sistemas de avaliação de desempenho existentes, demonstrando a importância do processo de avaliação para a evolução de carreira do profissional.

- Discutir e descrever os sistemas de valorização e benefícios oferecidos pela empresa, procurando demonstrar sua importância dentro das políticas de gestão de pessoas em ambientes globalizados.

- Discutir a importância da existência, em uma empresa, de um Sistema de Recursos Humanos utilizado como instrumento estratégico.

- Entender o ambiente de negócios como o conjunto de **stakeholders** em que a empresa está inserida, apresentando comportamentos e posturas pertinentes.

- Entender o Sistema de Valores como o que cada componente do ambiente de negócios agrega ao produto final ao consumidor.

- Entender que a área de Recursos Humanos desempenha um papel importante no planejamento estratégico, uma vez que é a responsável pela composição dos talentos humanos da empresa.

- Perceber que o mercado internacional tem influenciado cada vez mais as estratégias das empresas, bem como modificado as práticas do mercado de trabalho brasileiro.

Ao concretizar sua estrutura orgânica ou organizacional, a empresa deve elaborar um desenho organizacional onde conste a composição de cargos e salários, que deve ser reflexo de uma estrutura suficiente que atenda às necessidades do mercado e não somente da empresa. Muitas empresas são concebidas de "dentro para fora" e, por vezes, trazem, desde sua concepção, uma estrutura incoerente com as diferentes demandas que surgirão.

Figura I – Recursos operacionais.

Fonte: Cecconello e Ajzental (2008, p. 200).

Partindo da premissa mercadológica de que a empresa é concebida de "fora para dentro", a partir da análise quantitativa e qualitativa da demanda são mensuradas as necessidades da estrutura orgânica, departamentos e processos, tal como a infraestrutura necessária para atender bem ao mercado. Conforme o foco deste livro, uma das principais questões a serem respondidas se refere a quantos empregados a empresa necessita ter, como será a distribuição de cargos, funções e salários, qual será a política de valorização e os instrumentos de desenvolvimento de carreira. A análise dos recursos operacionais serve como base para a quantificação preliminar de custos e despesas da empresa, interferindo então na composição do desenho organizacional, bem como das políticas a serem utilizadas.

Empresas que procuram a excelência operacional necessitam, constantemente, monitorar e otimizar seus recursos funcionais, no sentido de tornarem sua gestão e atuação mais competitivas em relação ao mercado. Esse monitoramento deve ser constante, com objetivo de adequar sistematicamente seus custos, despesas e resultados praticáveis.

Esse desenho organizacional deve conter os cargos, salários, as funções e os respectivos níveis de **remuneração**. Nas funções, deverão conter a descrição das atividades, o que se espera do profissional e, principalmente, o que é necessário para a sucessão de colocações.

Figura II – Modelo de estrutura organizacional de empresa (tradicional).

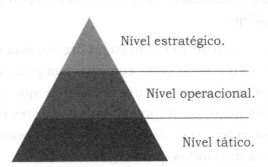

Fonte: O autor.

A Figura II representa a visão tradicional de gestão. Envolve uma estrutura formal de comando, com a distribuição de poder e gerência. Com a realidade da diminuição dos empregos formais e a necessidade de se tornarem mais competitivas, a estrutura funcional se alterou para a seguinte configuração:

Figura III – Modelo de estrutura organizacional de empresa (contemporânea).

Fonte: O autor.

Esta nova configuração permite afirmar que houve a diminuição do tamanho da empresa, dos níveis operacionais, com a distribuição de funções e responsabilidades no nível tático. Estratégias voltadas para a terceirização e quarteirização, conjugadas com ações voltadas para a intensificação da automação, informatização e otimização de processos reduzem os custos e despesas e possibilitam, em tese, uma melhor flexibilização da empresa. Em síntese, a premissa é aumentar a produtividade com menores recursos.

Os modelos ajudam a perceber como a mobilidade sucessória profissional pode se efetuar durante o período de vida útil profissional. Em síntese, existem três formas básicas de estrutura de carreira:

- Em linha vertical, onde a sequência está posicionada numa única direção, geralmente ascendendo no organograma a partir dos níveis mais operacionais. Este tipo é um dos mais tradicionais, em que sua gestão se efetua essencialmente por meio de acúmulo de itens que o profissional vai conquistando no decorrer de sua carreira. Outra possibilidade é a mobilidade horizontal, na qual a ideia é o aprimoramento do conhecimento por meio da aplicação de atividades num mesmo nível.

Figura IV – Modelo de carreira em linha vertical.

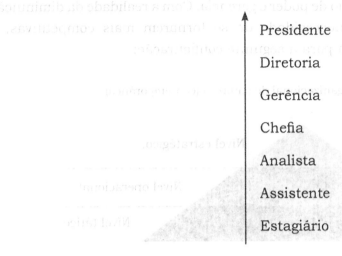

Fonte: O autor.

- Em rede, onde existem várias opções de mobilidade dentro da estrutura organizacional, viabilizando, em muitos casos, uma flexibilidade interessante, mas que necessita de gestão e análise que possibilite constatar se existe, na empresa, a possibilidade de multifuncionalidade.

Figura V – Modelo de estrutura organizacional em rede.

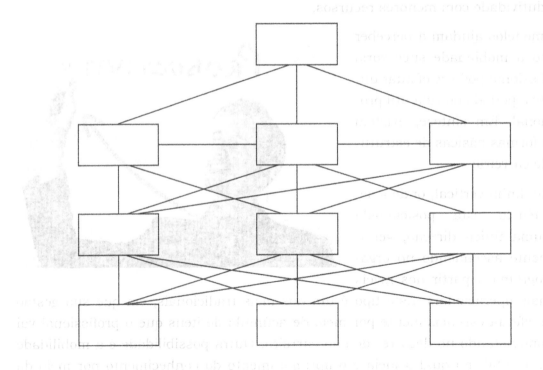

Fonte: O autor.

- A Figura VI possibilita uma terceira estrutura, a paralela, em que a mobilidade pode ser analisada sob o ponto de vista gerencial e, também, profissional. Esta estrutura requer colaboradores que sejam devidamente reconhecidos nas respectivas atividades que desempenham na empresa e que sejam, também, detentores de um perfil mais generalista e orgânico em relação à companhia.

Figura VI – Modelo de carreira em Y.

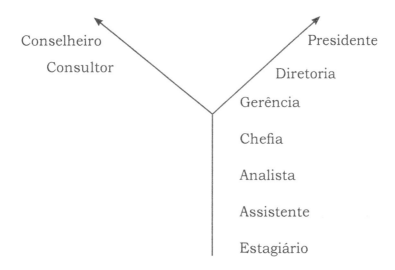

Fonte: O autor.

Uma das questões que se discute na seleção dos tipos de empresa é a relação dos valores de remuneração, plano de benefícios, *status* e equidade, principalmente levando em consideração o último modelo apresentado.

A partir das necessidades orgânicas da empresa, se torna necessário desenvolver um **plano de cargos e salários**. Este plano deve conter algumas premissas e critérios, de forma orientar os envolvidos quanto às práticas vigentes, bem como das possibilidades de discussão e resolução de problemas que, porventura, possam ocorrer ao longo de sua gestão. Este plano não pode ser hermético e fechado: pelo contrário – deve contemplar a flexibilidade necessária de maneira que as premissas sejam flexíveis o bastante para que se tornem orientações de estratégias e políticas.

O art. 457 da CLT dispõe o seguinte:

Compreende-se na remuneração do empregado, para todos os efeitos legais, além do salário devido e pago diretamente pelo empregador, como contraprestação dos serviços, as gorjetas que receber.

Muitos autores, como Amauri Mascaro, entendem que o artigo não define remuneração e salário, daí passam a formular os seguintes conceitos:

1. Conforme Nascimento (2003, p. 717): "Salário é a totalidade das percepções econômicas dos trabalhadores, qualquer que seja a forma ou meio de pagamento, quer retribuam o trabalho efetivo, os períodos de interrupção do contrato e os descansos computáveis na jornada de trabalho".

2. Conforme Martins (2000, p. 193-195): "Remuneração é o conjunto de retribuições recebidas habitualmente pelo empregado pela prestação de serviços, seja em dinheiro ou em utilidades provenientes do empregador ou de terceiros, mas decorrentes do contrato de trabalho, de modo a satisfazer suas necessidades básicas e de sua família".

3. Conforme Sussekind (1999, p. 353): "[...] *salário* é a retribuição dos serviços prestados pelo empregado, por força do contrato de trabalho, sendo devido e pago diretamente pelo empregador que dele se utiliza para a realização dos fins colimados pela empresa; *remuneração* é a resultante da soma do salário percebido em virtude do contrato de trabalho e dos proventos auferidos de terceiros, habitualmente pelos serviços executados por força do mesmo contrato".

As **políticas e normas de administração de cargos e salários** tem por objetivos principais identificar e descrever cargos, funções, salário, remuneração, capacitação profissional e o nível esperado de desempenho de seus colaboradores internos. Seria descrever o perfil técnico e profissional do colaborador e sua contribuição efetiva esperada. Assinala-se abaixo os indicadores de avaliação a serem utilizados.

- Cada cargo deve ser descrito detalhadamente, indicando as responsabilidades e qualificações necessárias para o bom desempenho do empregado, bem como a remuneração correspondente de cada faixa salarial.
- Esta remuneração deve levar em conta parâmetros comparativos de cargos e salários de empresas concorrentes, cujos cargos tenham responsabilidades semelhantes.
- A **política salarial** deve estar de acordo com a política orçamentária da empresa. Os salários serão administrados dentro de faixas salariais em consonância com as categorias de cargos e tempo de empresa, a saber:
  - Salário de admissão. Deve estar relacionado à faixa mínima estabelecida pelo cargo e tempo (período mínimo de três meses). O período de mudança desta faixa mínima deve estar condicionado à situação orçamentária da empresa e do mercado, bem como dentro do planejamento estratégico da empresa. Qualquer alteração deve estar limitada ao grau de qualificação e experiência mínima exigida para o cargo.
  - Salário de um novo cargo. Deve ser submetido pelo processo de avaliação e classificação da área de Administração de Cargos e Salários, da unidade de

Gestão de Pessoas, baseadas comparativamente nas responsabilidades, no mercado e na situação da empresa.

- Alterações salariais. Excetuando aquelas relacionadas aos aspectos legais trabalhistas, podem ocorrer as seguintes situações geradoras de alterações salariais: fim do período de admissão; fim do período de experiência; promoção horizontal; promoção vertical; transferência para outro cargo; reclassificação de cargo; e criação de novo cargo. Cada cargo possui três faixas salariais, com diferenças de X% entre suas subfaixas. A partir do recebimento de novas responsabilidades, pode-se obter aumento salarial a contar da reclassificação de cargo, cujo percentual será acordado com a área responsável de Gestão de Pessoas. A partir de pesquisas periódicas, poderão ocorrer ajustes de salários com o objetivo de alinhá-los junto ao mercado.

Deve estar claro, dentro das *Normas e Procedimentos de Funcionamento do Plano de Cargos e Salários*, que itens devem ser analisados em casos de promoção, ou nos outros itens citados anteriormente, como a disciplina, assiduidade, pontualidade, coleguismo, capacidade de trabalhar em equipe, disponibilidade, qualidade do trabalho realizado, responsabilidade, apresentação pessoal, demonstração de conhecimentos, desenvolvimento técnico-profissional, cumprimento de normas, comunicação, capacidade de organização, capacidade de resolver conflitos, entre outros. Percebe-se, a partir dos exemplos, certo nível de subjetividade. Para tanto, devem ser analisados e identificados quais instrumentos de avaliação serão necessários, bem como a estipulação de uma métrica que possibilite a medição justa e efetiva no decorrer do período a ser avaliado.

Deve conter a composição da remuneração, que pode ser constituída pelo salário fixo, comissão, remuneração variável, bônus, prêmio, remuneração base, remuneração total em dinheiro, enquadramento salarial, política de remuneração, promoção horizontal (aumento por mérito), promoção vertical, carreira funcional e carreira específica.

Fonte: Disponível em: www.promerito.com.br. Acesso em: 05 de fevereiro de 2015.

Sistema de Valorização ou Diferenciação

A partir dos modelos de estrutura de empresa, pode-se associar o tipo de desenho organizacional, bem como o desenho de carreira que um profissional pode ter no decorrer de sua vida profissional, dentro da empresa. Para que o processo se concretize, é necessário que a empresa tenha a descrição de cargos e salários, bem como possua ferramentas e instrumentos que possibilitem que o desempenho de seus colaboradores internos seja medido, analisado e, então, postas em prática as políticas de trabalho e desenvolvimento profissional.

Avaliação de desempenho

Uma das premissas do planejamento estratégico é a determinação de metas e objetivos a serem cumpridos, o controle e avaliação das atividades, de forma a comparar o que foi planejado e o que foi efetivamente cumprido, além de servir como um instrumento de valorização do profissional. A avaliação de desempenho é uma técnica que procura avaliar o desempenho do trabalho em uma empresa, considerando os comportamentos técnico-profissionais, desempenho, performance. Inclui a avaliação de potencial do indivíduo contextualizado com a sua carreira na empresa. É uma atividade indispensável na empresa, no sentido de monitorar seus talentos humanos e capital intelectual, necessidades de treinamento e seleção de pessoal, política salarial e desenvolvimento pessoal.

A avaliação de desempenho deve ser uma apreciação sistemática e constante da performance do colaborador interno e do grupo, relacionadas às tarefas e funções que executam e de seu potencial de trabalho, servindo para identificar, julgar e sistematizar o valor e respectiva contribuição deles para a empresa.

Faz parte deste processo a gestão de pessoas e torna-se necessária uma mensuração de forma a verificar se houve o cumprimento dos objetivos por parte do público interno e definir as ações corretivas, se existir a necessidade de mudança de rumo. Essa avaliação servirá para analisar os colaboradores internos, a fim de verificar se estão alinhados de acordo com os propósitos da empresa e acompanhar seu desenvolvimento profissional. As empresas devem conhecer como seus colaboradores internos estão desempenhando as suas atividades, de acordo com as suas potencialidades, de forma a:

- Suscitar um julgamento sistemático e com credibilidade para fundamentar suas ações a fim de manter, deslocar ou mesmo promover verticalmente ou horizontalmente os seus colaboradores internos, além de praticar outras ações, como aumentar salários, conceder benefícios adicionais, premiações, fazer transferências.

- Comunicar formalmente aos colaboradores internos como está o desempenho deles, aconselhando ações, práticas e mudanças de ordem comportamental atitudinal, por exemplo, de forma a terem melhor aderência à empresa.

Além dessas premissas iniciais, todos os colaboradores internos necessitam saber, de forma transparente, como foi e é o seu desempenho profissional, para analisar sua situação de carreira dentro da empresa e, do mesmo modo, seu desenvolvimento profissional como um todo.

A chamada avaliação de desempenho tem evoluído de forma significativa no decorrer dos anos. Anteriormente, esta avaliação se restringia a um resultado compartilhado ao final de um período de trabalho, como maneira de dar uma satisfação tanto para a empresa como para o avaliado. Entretanto, pode-se perceber que esta forma de avaliar, por vezes, se tornava inócua, pois privilegiava o término de um processo, desconsiderando partes deles, sem possibilitar assim a realização efetiva de ajustes de no decorrer do período avaliado.

Com o crescimento do ambiente competitivo, o surgimento de uma nova visão por parte das empresas e gestores de recursos humanos, o aumento da oferta de colaboradores, além da compreensão da importância estratégica do setor, bem como da necessidade da empresa em atrair e manter talentos organizacionais, os sistemas de avaliação de desempenho foram evoluindo de modo a propiciar uma visão mais consistente do capital intelectual interno, de sistemas de valorização, capacitação e promoção desses mesmos talentos organizacionais.

Em hipótese alguma o processo de avaliação deve ser pro forma, mas estar imbuído do objetivo de contribuir para o bom desempenho de profissionais nas empresas. É um dos itens mais criticados da área de Gestão de Pessoas.

Entre os métodos tradicionais de avaliação de desempenho, pode-se destacar a utilização da avaliação informal, a individual, a de 180 graus, a do comitê de avaliação, a de 360 graus, a por competências e a matriz *nine box*, conforme tipologia apresentada a seguir.

Tipos de avaliação de desempenho

Embora a gestão de pessoas tenha evoluído nos últimos anos, grande parte das empresas brasileiras não aplica, de forma pontual, suas premissas, nem tampouco utiliza o planejamento estratégico, a gestão de pessoas e, consequentemente, as formas de avaliação de desempenho. Esta realidade é sustentada em virtude de grande parte das empresas brasileiras serem de micro e pequeno porte, em processo de início ou formação empresarial. Dessa forma, uma das avaliações mais práticas é a avaliação de desempenho informal, onde existem conversas com os subordinados sem o devido planejamento e estrutura.

A mais tradicional forma de análise envolve a **avaliação de desempenho individual**, em que a chefia avalia os subordinados, sendo uma reunião mais formal, que deve conter um relatório com as metas e objetivos a serem prometidos e o que foi devidamente cumprido. A **avaliação 180 graus** prevê a aferição individual, bem como uma autoavaliação realizada pelo próprio avaliado.

A avaliação 360 graus preconiza que o processo de avaliação envolva a chefia, o subordinado e seus pares. O comitê de avaliação sugere que as apreciações sejam realizadas por representantes internos. Já a **avaliação matriz *nine box*** envolve o confronto entre a performance *versus* o potencial. Por fim, a **avaliação por competências** apregoa a análise comparativa entre os resultados alcançados e as competências adquiridas.

Em síntese, todos os métodos de avaliação tem por objetivo mensurar os resultados dos esforços individuais e de grupo dos colaboradores internos, diferenciando-se na forma como o processo é realizado, no envolvimento das partes interessadas, bem como na identificação das perguntas a serem feitas, de modo ele não se torne algo burocrático, mas que possa contribuir de forma significativa para o desenvolvimento de ambas as partes – empresa e colaboradores. A premissa é a de que a avaliação se torne um processo intrínseco e interativo entre as partes envolvidas, que promova a valorização do capital humano e intelectual e que promova – e faça perceber – a importância, a imparcialidade e a justiça entre os colaboradores internos.

O maior interessado nesta avaliação é o próprio colaborador, porém de forma corporativa o processo deve ter sentido e direcionamento institucional, de forma que, além de ser um importante medidor de qualidade de trabalho interna, ela se torne um diferencial ou mesmo uma vantagem competitiva no mercado. Para facilitar o processo de gestão, essa técnica é de responsabilidade da área de Gestão de Pessoas, cujo controle está sob a supervisão dos níveis mais estratégicos da área do avaliado, sob controle baseado em normas e regras específicas que facilitem a aplicação, mas que não tornem o procedimento burocrático.

De forma a tornar o processo mais dinâmico, algumas empresas possibilitam que o colaborador possa usufruir de uma estrutura que possibilite a autoavaliação, em que, por exemplo, seja possível confrontar os resultados parciais de um período de tempo menor com aquele proposto e acordado anteriormente. Esta forma de avaliação é importante, no sentido de dar liberdade, autonomia e possibilitar a proatividade ao colaborador, melhorando o processo e, consequentemente, os resultados. Entretanto, a avaliação a ser efetuada por outra pessoa ainda é bastante importante, no sentido da troca de informações, discussão de atitudes, conhecimentos e práticas, de forma que torne o processo mais orgânico. Além disso, a análise de performance pode redundar em outros desdobramentos, como treinamentos, cursos de capacitação ou mesmo benefícios de valorização que, por vezes, não é de responsabilidade do avaliado.

As empresas devem entender que o processo de avaliação de desempenho é um processo dinâmico, passível de mudanças no decorrer do tempo. Empresas como a Natura, que incorporaram a sustentabilidade como um dos indicadores de desempenho e o Grupo Pão de Açúcar, que incorporou dentro de suas competências aquela que permite enxergar a sinergia de processos que possibilitam economias e aumento de eficiência, comprovam a necessidade das empresas em quebrar paradigmas e procurar novas competências e indicadores de avaliação. Além disso, o aumento da frequência do *feedback* torna-se importante para melhor de forma mais efetiva e rápida a performance de seus colaboradores internos.

Estão equivocadas as empresas que acreditam que somente resultados individuais devem ser medidos e comparados com as metas definidas. Outras questões, como a contribuição individual *versus* o desempenho em grupo, o aproveitamento de oportunidades e fatores como desenvolvimento, desempenho e comportamentos devem ser mensurados frequentemente no sentido de propiciar uma melhor análise da avaliação de desempenho do empregado. Então uma questão importante é o que avaliar.

Desenvolvimento, desempenho e comportamento devem ser bem definidos no processo de avaliação e a maneira como estas influenciarão as ações voltadas para a meritocracia. O desenvolvimento envolve a evolução do indivíduo e o cumprimento das metas a partir de métricas preestabelecidas, e trata da primeira parte do processo de avaliação. O desempenho procura analisar e medir como se procedeu essa evolução. Para tornar mais clara a explicação, imagine que as metas individuais foram atendidas por todos os colaboradores da empresa, e alguns conseguiram alcançar tais metas no menor tempo e, outros, com menores recursos. O comportamento deve ser medido e analisado de acordo com os hábitos, atitudes e o relacionamento interpessoal condizentes com os valores e políticas da empresa.

Depois de respondida essa pergunta, segue-se outra, que se refere ao instrumento de avaliação, ou seja, o modo como avaliar. Nas avaliações informais, podem existir alguns apontamentos para que o avaliador possa ter algumas referências do que dizer ao avaliado. Considerando a avaliação 360 graus, temos a necessidade de construir instrumentos particulares para cada componente do processo, planejar como e quando será aplicado, tabulado, analisado e realizado o *feedback*, geralmente com uma frequência não superior a seis meses.

O processo de avaliação de desempenho deve SEMPRE contemplar e premiar a meritocracia. Empresas que utilizam como justificativas somente o tempo de casa, em detrimento de outros fatores, como desenvolvimento e desempenho, correm o sério risco de cometer injustiças e perder os talentos mais significativos para a concorrência.

Empresas que utilizam o modelo em rede podem ter maiores dificuldades na avaliação de desempenho e, principalmente, em como aferir e premiar seu público interno.

O processo de avaliação envolve um custo que deve ser devidamente justificado, principalmente no modo como e em que serão aplicados seus resultados. Apresenta-se agora uma descrição e crítica mais detalhadas dos tipos de avaliações de desempenho.

- Avaliação informal.

Figura VII – Avaliação informal.

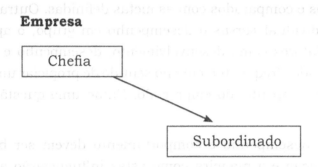

Fonte: O autor.

Embora não seja das melhores opções, justifica-se este tipo de avaliação em decorrência do porte e do tempo de vida da empresa. Grande parte das empresas brasileiras é categorizada como micro e pequena empresa, sendo noventa e três (2013) delas as empresas que se dedicam aos processos de exportação. Essas empresas provavelmente possuem um organograma mais enxuto e uma comunicação mais rápida, não sendo coerente com uma estruturação de gestão de pessoas mais complexa. Por outro lado, empresas novas tendem a aprender e aprimorar suas técnicas de gestão. Dessa forma, o que as MPEs (micro e pequenas empresas), bem como as empresas novas no mercado, podem aprender com o crescimento dos negócios e a evolução de seus conhecimentos.

Quadro V – Considerações de oportunidades da avaliação informal.

Pontos positivos	Pontos a considerar	Oportunidades
Pode possibilitar uma conversa mais direta e franca entre as partes, eliminando também a padronização da frequência, tornando o processo mais rápido e ágil.	Depende da maturidade e perfil do avaliador, de forma a tornar o processo justo e idôneo. Existe a necessidade de registrar, embora informalmente, o processo de avaliação, os resultados e as conclusões.	Pode possibilitar o início de um processo de avaliação que acumule o histórico de desempenho e *performance*. Com a experiência, é possível alcançar a sistematização do processo de avaliação.

Fonte: O autor.

Figura VIII – Avaliação tradicional (de desempenho individual).

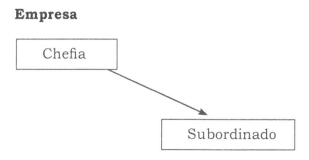

Fonte: O autor.

Esta forma de avaliação de desempenho pode ser considerada uma evolução natural da anterior e é uma das mais praticadas no mercado de trabalho. Geralmente a empresa já está mais estruturada e em fase de crescimento e sente a necessidade de uma gestão mais profissional, no sentido de prover uma administração que mantenha o crescimento de forma sustentada. Este tipo de avaliação possibilita a criação de indicadores gerenciais mais concretos. O problema reside no fato de que esta avaliação centraliza grande parte dela no processo no avaliador, que nem sempre tem o perfil e a qualificação necessários para avaliar. Depois, geralmente este processo se torna um processo burocrático, pela visão reducionista ou mesmo pela repetitividade, não agregando valor à carreira dos empregados, bem como para a empresa. Tende a ser um processo padronizado, sem a devida participação de ambas as partes.

Quadro VI – Considerações de oportunidades da avaliação de desempenho individual.

Pontos positivos	Pontos a considerar	Oportunidades
Pelo seu caráter mais formal, possibilita uma visão mais ampla e integrada de empresas em fase de crescimento ou mesmo àquelas que possui um grande número de colaboradores.	Evitar que a quantidade de avaliações leve a uma padronização que torne o processo burocrático, não cumprindo plenamente os reais objetivos de uma boa avaliação de desempenho individual.	Possibilita a criação de indicadores que podem facilitar e profissionalizar o processo de gestão de pessoas. A partir das avaliações individuais, é possível efetuar cruzamentos para estabelecer a avaliação de grupos.

Fonte: O autor.

- Avaliação de desempenho 180 graus.

Figura IX – Avaliação 180 graus.

Empresa

```
Chefia
   ↕
Subordinado
```

Fonte: O autor.

Parte da premissa de que haverá avaliação individual da chefia em relação ao subordinado, bem como uma autoavaliação por parte do empregado. Este processo requer certo nível de maturidade, que torne o processo idôneo e com melhor credibilidade, uma vez que a autoavaliação pode envolver determinados vieses relativos aos relacionamentos internos, momento da avaliação, fase do ciclo de vida profissional, entre outros aspectos.

Quadro VII – Considerações de oportunidades da avaliação 180 graus.

Pontos positivos	Pontos a considerar	Oportunidades
O processo de avaliação se torna mais integrado, a partir da interação avaliativa entre chefe e subordinado e da autoavaliação.	Com a inserção de mais um ponto de vista avaliativo, é possível fazer a comparação entre a avaliação dos chefes e a autoavaliação dos subordinados.	Os resultados e conclusões devem ser incorporados a um banco de dados, possibilitando um perfil mais próximo dos subordinados, bem como das respectivas chefias.

Fonte: O autor.

- Comitê de avaliação.

Figura X – Comitê de avaliação.

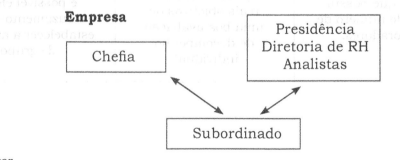

Fonte: O autor.

É uma avaliação realizada de forma coletiva. Envolve um grupo de pessoas que estão direta ou indiretamente relacionadas ao desempenho do empregado. Geralmente, este comitê é constituído por pessoas de diferentes unidades organizacionais, sendo parte formado por membros permanentes e outra por membros provisórios. Os membros permanentes são representados pelo presidente ou diretoria, gestor principal de recursos humanos e outros especialistas em avaliação de desempenho que exercem o papel de manter a institucionalidade do processo, bem como os padrões e critérios organizacionais. Os membros provisórios podem ser os gerentes responsáveis pelo departamento em que trabalha o avaliado.

Quadro VIII – Considerações de oportunidades do Comitê de avaliação.

Pontos positivos	Pontos a considerar	Oportunidades
Este processo de avaliação possibilita que a alta gerência, bem como a área de Gestão de Pessoas e as respectivas chefias, tenham uma visão mais integrada de seu público interno.	Por vezes, a alta gerência não tem dados e informações sobre o comportamento cotidiano dos empregados. Além disso, avaliações que envolvem trabalhos com hierarquias diferentes tendem a criar vieses nos resultados.	Oportunidade de as áreas trabalharem em conjunto, de forma integrada, e tomarem as decisões coletivas, existindo a necessidade de que haja mecanismos que possibilitem a adaptação e adequação dos instrumentos de avaliação.

Fonte: O autor.

- Avaliação de 360 graus

Figura XI – Avaliação 360 graus.

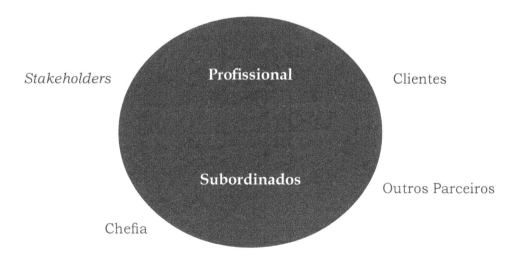

Fonte: O autor.

Entre os diferentes modelos de avaliação, este é um dos mais relevantes, devido à sua amplitude e envolvimento do colaborador interno e respectivos grupos de relacionamento da empresa. Também conhecida como *Feedback* 360 graus, a avaliação é realizada de forma a envolver todos os que mantêm alguma interação com o avaliado, como a chefia, os colegas de trabalho, subordinados, clientes internos e externos, fornecedores, distribuidores, além de todas as outras pessoas que têm relacionamento profissional com o colaborador interno, daí a denominação de avaliação 360 graus.

A aplicação deste tipo de avaliação é realizada por meio da aplicação de um questionário específico cujos resultados são de conhecimento do colaborador sem, contudo, que ele saiba quem o avaliou.

O exame de baixo para cima também compõe este tipo de avaliação e possibilita que o subordinado ou a equipe avaliem sua chefia direta, indicando um caminho de mão dupla: ao mesmo tempo que o chefe avalia seus subordinados, estes analisam como a chefia incrementa a eficácia do grupo, incentiva e os motiva no sentido de atingir as metas e objetivos propostos, aloca os recursos e mantém os níveis de relacionamento. Esta modalidade de avaliação facilita e promove, de certa forma, a comunicação, e tornam as relações de trabalho mais eficazes.

Devido à sua abrangência e por envolver diferentes pontos de vista, sua construção e aplicação devem ser realizadas com cuidado, de modo a articular e contextualizar os conteúdos de maneira a possibilitar uma visão orgânica da avaliação. Dessa forma, possibilita um rico resultado a partir de diferentes fontes de informações.

Quadro IX – Considerações de oportunidades da avaliação 360 graus.

Pontos positivos	Pontos a considerar	Oportunidades
Pelo seu caráter mais orgânico, possibilita uma visão mais sistêmica do avaliado, bem como do ambiente onde ele e a empresa estão inseridos. A riqueza de informações é bastante significativa e relevante.	Dificuldades na elaboração dos instrumentos de avaliação, bem como na anuência na participação dos demais envolvidos (além da chefia e do avaliado). Necessidade de que os instrumentos de avaliação não sejam totalmente padronizados, bem como da garantia da imparcialidade.	Além de atender de forma mais consistente o processo de avaliação, pode contribuir para que a empresa tenha uma visão mais ampla e detalhada de sua participação no ambiente de negócios, ampliando as possibilidades de seu horizonte estratégico e competitivo.

Fonte: O autor.

- Avaliação participativa por objetivos (APO).

Figura XII – Avaliação participativa por objetivos.

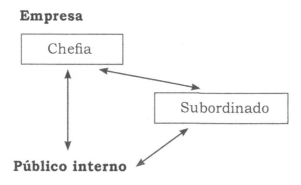

Fonte: O autor.

Entre os diferentes métodos de avaliação de desempenho, eles se complementam no sentido de atualizar a gestão da empresa, bem como tornar o processo mais dinâmico e participativo. Esta forma de avaliação, em particular, envolve um relacionamento mais intenso da empresa com o seu público interno, de forma a tornar a gestão mais participativa, democrática e motivadora. Segue basicamente as seguintes premissas: criação de metas e objetivos a partir de um consenso entre a empresa e equipe; identificação das responsabilidades entre as partes; envolvimento e comprometimento a partir das metas e objetivos condensados; possibilidade democrática de negociar os recursos necessários para o atingimento dos objetivos; necessidade de compromissar o desempenho e a performance individual e a de grupo; monitoramento comparativo e controle constante; mecanismos e instrumentos de incentivo e motivação; avaliação e reavaliação dos resultados *versus* o que foi prometido e transparência e respeito em todo o processo.

Quadro X – Considerações de oportunidades da avaliação participativa por objetivos.

Pontos positivos	Pontos a considerar	Oportunidades
Promove a integração e interação do público interno com a empresa, de forma a tornar as relações de trabalho mais fluidas. Pode trazer resultados mais consistentes no curto e médio prazos.	Pelo dinamismo e grande interatividade, este processo pode apresentar pequenas falhas que devem ser corrigidas efetivamente, de forma a não se tornarem grandes problemas no futuro.	Em geral, gestões participativas sempre se constituem em oportunidades de conhecer melhor a empresa, bem como seus empregados, havendo a necessidade de apreender e registrar de forma sistemática as diversas experiências.

Fonte: O autor.

- Avaliação por competências.

Figura XIII – Avaliação por competências.

Fonte: O autor.

Empresas que procuram a excelência organizacional e a vantagem competitiva, necessitam, constantemente, rever suas competências essenciais. Essas competências devem ser particulares a cada empresa, possibilitando a diferenciação e o posicionamento competitivo no mercado.

A partir da identificação das competências essenciais da empresa e do mercado, a gestão por competências se torna uma necessidade de sobrevivência estratégica para a empresa. Trata-se de um sistema gerencial que busca identificar que competências seus colaboradores internos devem ter no sentido de proporcionar os melhores resultados para a empresa. Esta identificação se processa a partir da identidade e posicionamento estratégico que a empresa procura obter a fim de atingir seus propósitos corporativos.

A partir da identificação das competências essenciais necessárias à empresa, para sua atuação no mercado, é possível que ela possa instigar ações no sentido de impulsionar determinadas habilidades em seu público interno, coletiva ou individualmente, identificando os pontos de excelência no seu atual grupo de colaboradores, bem com os pontos de melhoria, diminuindo-as ou eliminando-as de forma a ganhar maior consistência de conhecimento e de seu capital intelectual.

Conforme comentado anteriormente, não existe um consenso geral de quais são as competências necessárias nem tampouco como obtê-las ou mesmo aplicá-las. Empresas que trabalham com gestão de competências tem um árduo trabalho na identificação, monitoramento e até mensuração delas, tornando o processo bastante complexo e suscetível a vieses, tanto na interpretação como também na medição. Entretanto, o que se busca em empresas que adotam a gestão por competências não é sua medição e análise cartesiana, mas a busca constante de renovação a partir de um grupo de colaboradores e talentos internos mais produtivos e atuantes, voltados para resultados e que tem consciência de seu papel na empresa e na sociedade.

Como se trata de um processo em evolução em empresas existentes, para a implantação da gestão por categorias é necessário efetuar um mapeamento do capital intelectual da empresa, identificando o perfil e as competências existentes no seu quadro de colaboradores. A partir dos resultados deste mapeamento, é possível identificar e suscitar que competências humanas, técnicas e profissionais a empresa deve incrementar para melhor atingir seus objetivos. Estes devem estar devidamente alinhados às competências essenciais que a empresa pretender ter. Por outro lado, podem existir no segmento de negócios da empresa competências obrigatórias, que podem estar categorizadas dentro dos Fatores Críticos de Sucesso (FCS).

A avaliação de desempenho decorre de análise estatística profunda envolvendo os resultados e comportamentos, de forma a se obter desfechos a partir de métricas estabelecidas e remunerar os profissionais de acordo com que a empresa entende por competências *versus* resultados.

A gestão por competências representa uma evolução dos modelos gerenciais tradicionais, propondo uma visão mais qualitativa e orientativa para os diferentes níveis da organização.

A descrição das competências essenciais mapeadas deve indicar quais conhecimentos, habilidades, comportamentos e atitudes são necessários para garantir determinado desempenho no trabalho, dependendo de cada cargo e função. Numa triagem inicial, a formação acadêmica e extracurricular e a experiência nas funções e na empresa são utilizadas para avaliar comparativamente o público interno. Este mapeamento inicial é complementado a partir de referenciais de desempenho individual, que podem ser obtidos por avaliações anteriores, tal como de observações sistemáticas que possibilitem identificar comportamentos e atitudes no ambiente de trabalho.

A razão do uso das competências no ambiente de trabalho conduz à criação de critérios que possibilitem uma comparação e métrica a serem adotadas no processo de avaliação. Essa métrica possibilita que os resultados possam ser utilizados em ações relacionadas ao aperfeiçoamento, à capacitação e ao treinamento em que, a partir do nível das competências necessárias, serão definidos os objetivos educacionais corporativos, bem como nos conteúdos a serem desenvolvidos.

Em síntese, este tipo de avaliação de desempenho possibilita identificar e potencializar as competências já adquiridas e construir outras, propiciando o desenvolvimento e soma da qualidade do capital humano na empresa.

Quadro XI – Considerações de oportunidades da avaliação por competências.

Pontos positivos	Pontos a considerar	Oportunidades
Embora o conceito, aplicação, controle e mensuração de competências profissionais seja um assunto atual, complexo e subjetivo, elas proporcionam uma interessante margem e premissa qualitativa que a empresa deve buscar de forma sistemática e constante, levando a um novo modelo de estruturação.	Pela sua complexidade e principalmente subjetividade, a empresa deve procurar metodologias e instrumentos que se adaptem às suas necessidades presentes e objetivos futuros, tomando o especial cuidado de não engessar/tentar padronizar todo o processo de avaliação.	Trata-se de uma oportunidade única da empresa rever constantemente seu pensamento estratégico, refletindo e até quebrando paradigmas sobre o seu modo de pensar, atuar e agir.

Fonte: O autor.

O processo de desligamento do profissional

O desligamento funcional pode ser um processo doloroso tanto para a empresa como para o empregado, e decorre de várias razões, além das situações de aposentadoria, morte e invalidez:

- Por parte da empresa, pode significar que esta não tem mais interesse nos serviços prestados pelo empregado, por razões como sua queda de produtividade, diminuição da demanda do mercado, adequação da estrutura corporativa, necessidade de oxigenação, demissões preventivas, entre outros. Geralmente os processos de demissão por parte do empregador tendem a criar ranços e raiva, que não devem ser prolongados por parte do empregado. Considere a demissão como uma situação que a grande maioria das pessoas passa e faz parte do processo de aprendizagem de vida. Dependendo do tempo de permanência do empregado na empresa, os direitos trabalhistas podem possibilitar um suporte financeiro que servirá como apoio até a recolocação profissional. Por isso, a necessidade de investimentos antecipados no desenvolvimento, bem como as fontes alternativas de renda. Considere uma oportunidade para refletir sobre os pontos deficientes que levaram à demissão e vá em frente na busca de um

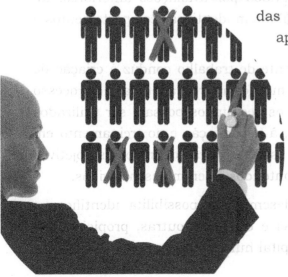

novo emprego.

- Por parte do empregado, significando que o profissional não tem mais interesse em fazer parte da organização, em decorrência de melhor oportunidade de trabalho, questões pessoais, outras prioridades como estudo, entre outras razões. Mesmo que a decisão parta do empregado e independentemente da situação, é aconselhável que a saída ocorra de forma cordata, com a manutenção dos relacionamentos e, inclusive, com possíveis indicações, futuramente.

Em ambos os casos, procure ocupar seu tempo de forma produtiva, atualizando seus conhecimentos e mantendo seus relacionamentos. À exceção de países como o Japão, o tempo de permanência de pessoas nas empresas está diminuindo e é um processo natural que pode contribuir para o crescimento e evolução profissional.

Conceitos e noções gerais sobre aspectos envolvidos no planejamento de carreira e instrumentos para avaliação

O ambiente de negócios da empresa

A empresa não deve ser vista de forma isolada. Ela faz parte de um ambiente formado por diferentes *stakeholders*, que participam e contribuem de forma significativa e integrada para o funcionamento da empresa, bem como de seus resultados. Existem diferentes categorias de empresas nos quais seus profissionais se relacionam em seu dia a dia, como empresas prestadoras de serviços, bancos, restaurantes, supermercados, lojas de conveniências, escolas, fábricas, postos de gasolina, entidades governamentais, igrejas, entre outras. Cada uma delas está inserida num ambiente particular de negócios.

Figura XIV – Ambiente empresarial.

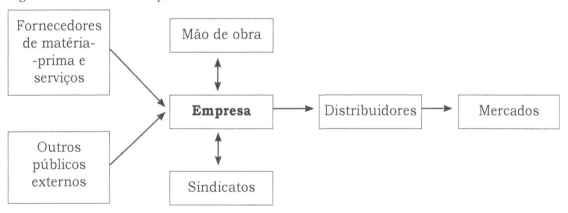

Fonte: O autor.

Há autores que afirmam, um negócio obtém lucro a partir da oferta de bens e serviços desejados pelos clientes e que, em tese, representam o padrão de vida de uma sociedade. Esta sociedade atribui valores diferenciados para cada item que consome, de acordo com suas necessidades e desejos, bem como de acordo com a proposta de valor que cada empresa tem capacidade de produzir e comunicar a esse mesmo mercado.

Considerando tais premissas, esse ambiente de negócios contribui para que o sistema da empresa se processe de forma a atingir seus objetivos, metas e, igualmente, dê continuidade às suas operações.

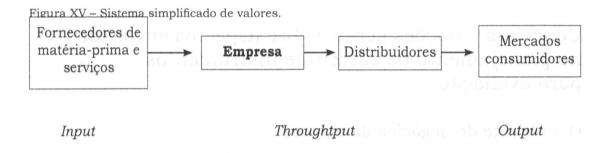

Figura XV – Sistema simplificado de valores.

Fonte: O autor.

Cada *stakeholder* oferece algo para o mercado e contribui para que o produto final tenha mais valor. O sistema de valores envolve *stakeholders* devidamente identificados e que contribuem significativamente para que a empresa tenha um produto ou serviço diferenciado. Cada *stakeholder* tem uma posição particular no ambiente, cuja contribuição reside essencialmente na capacidade de transformação de recursos e insumos.

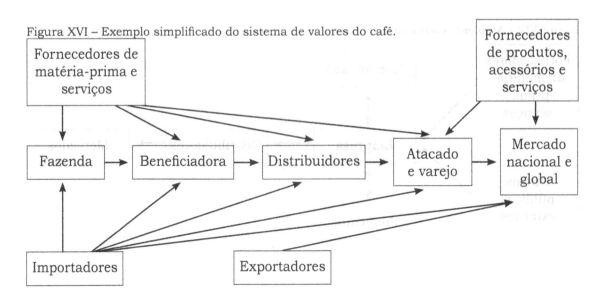

Figura XVI – Exemplo simplificado do sistema de valores do café.

Fonte: O autor.

Esse sistema é dinâmico, de forma que cada integrante desempenha seu papel e funções, cada um com interesses próprios e integrados, utilizando estratégias e ações que consideram pertinentes.

Percebe-se a complexidade deste ambiente de negócios e do sistema de valores, em que cada segmento econômico tem características e particularidades distintas, influenciando o perfil dos profissionais. Esse perfil está relacionado aos respectivos conteúdos acadêmicos, experiência e maturidade profissional que reflete nos níveis de remuneração e salários.

A responsabilidade social: considerações iniciais

Cada vez mais a responsabilidade social influencia as estratégias das empresas. No âmbito empresarial, ela objetiva otimizar e maximizar o funcionamento dos negócios, de forma a promover consequências positivas sobre os *stakeholders* (clientes internos e externos, colaboradores, acionistas, comunidade em geral, fornecedores e o governo), e minimizar os aspectos negativos. Segundo Ferrel (2001, p. 68), existem quatro tipos de responsabilidade social.

- A responsabilidade legal, que consiste nas atividades que visam ao bem-estar social dentro do cumprimento de todas as leis e regulamentos governamentais. A simples existência da empresa já representa um papel importante no ambiente de negócios dela, uma vez que ela tem a capacidade de gerar trabalho, empregos, impostos e propiciar a distribuição de renda.

- A responsabilidade ética, que consiste em atividades realizadas dentro de padrões de comportamento e conduta aceitas pelos seus grupos. Esta responsabilidade está diretamente relacionada aos fatores profissionais do segmento de negócios da empresa.

- A responsabilidade econômica, que implica no entendimento de que a empresa é uma entidade que possibilita seu desenvolvimento econômico e, ao mesmo tempo, daqueles com que ela mantêm relacionamentos, e

- A responsabilidade filantrópica, que consiste em restituir à sociedade o que dela foi recebido. Dentro desta definição, muitos confundem filantropia com responsabilidade social. Campanhas de doação de alimentos são atividades relacionadas à filantropia, enquanto a capacitação de novas microempresas por incubadoras (como a de Guarulhos) reflete a responsabilidade social dentro de aspectos legais, éticos e econômicos.

Novas propostas, novos negócios, novas formas de pensar conduzem a uma realidade sustentada de crescimento e evolução, garantindo a continuidade dos negócios e contribuindo para a sustentabilidade da comunidade: é nesse sentido que reside a verdadeira responsabilidade social empresarial.

A influência do ambiente internacional

Outro ponto fundamental é a importância crescente do ambiente internacional, em que a procura por fornecedores de produtos e serviços não está mais se restringindo ao ambiente doméstico e tampouco a procura por clientes.

Nos últimos anos, temos visto a crescente movimentação global de talentos humanos, no sentido de atender diferentes demandas internas e externas ao país. A procura por profissionais de diferentes origens tem várias razões, como o ingresso de empresas estrangeiras no país, a recessão econômica em alguns países, que tem impulsionado a entrada de profissionais, bem como, em sentido contrário, a expatriação de profissionais.

Pensando dessa forma, os colaboradores internos fazem parte desse processo de incorporação de valor, residindo aí uma de suas principais contribuições para o negócio.

A área de Gestão de Pessoas deve ser considerada como uma área-chave da empresa, na qual seus colaboradores internos devem ser considerados talentos organizacionais que podem contribuir significativamente para o sucesso do negócio, em detrimento à premissa tradicional de que são simples recursos operacionais.

Sistema de Informações em Recursos Humanos

Considerando que a área de Recursos Humanos faz parte de um ambiente dinâmico, esta deve ter sua gestão e decisões baseadas em dados e informações sólidas e de credibilidade, necessitando então de um Sistema de Informações.

Figura XVII – Sistema de informação em Recursos Humanos (SIRH).

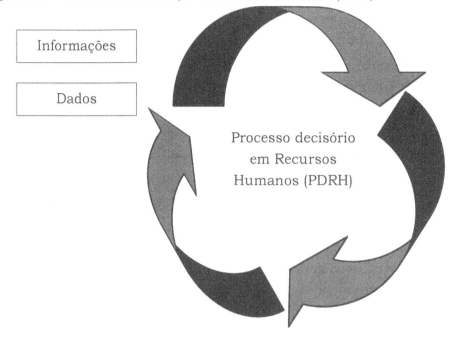

Fonte: O autor.

Sistema é um conjunto de partes interdependentes que interagem conjuntamente entre si. Ele requer a constituição de um fluxo no qual essas partes se completam de forma única, desempenhando uma função especifica. No caso da empresa, provê-la de dados e informações que alicercem o processo decisório.

Dado é um número, uma referência, apresentada de forma original, sem uma análise mais consistente. Como exemplo, podemos ter dados referentes ao número de funcionários, data de contratação, salários pagos e projeção de férias. Dados são elementos brutos que servem como base para a interpretação e análise. Geralmente, dados de mesma natureza devem ser agrupados de forma a tornar esse processo mais eficiente.

Informação é a interpretação e análise de um conjunto de dados agrupados que significam algo para a empresa. Deve ser considerado o processo de coleta de dados associado à metodologia de análise e sua aplicação, no sentido de dar consistência e contribuição necessárias ao processo decisório.

A adoção e utilização de um sistema de informações gerenciais é uma exigência básica para a manutenção de qualquer empresa. A fim de atender às diferentes mudanças e transformações do ambiente e no sentido de estar sempre atualizada em relação às práticas vigentes no mercado, metodologias de avaliação, níveis de salário e remuneração, a empresa deve desenvolver um sistema de informações em recursos humanos e que possibilite a sua atualização. Este sistema necessita da atualização de dados e deve produzir informações de forma sistematizada, com o intuito de dar suporte ao processo de tomada de decisão, a partir de relatórios gerenciais.

Esse sistema deve possibilitar que dados e informações sejam cruzados de forma a atender as diferentes demandas que a empresa poderá ter. Esse banco de dados implica que:

- A empresa tenha capacidade de gerar informação. A partir da realidade de uma sociedade baseada em informação e que possui instrumentos e ferramentas avançadas de tecnologia da informação, é obrigação de toda a empresa a disponibilização, para seu quadro de colaboradores internos, de dados e informações que possibilitem a tomada de decisões mais acertadas. Esses conteúdos devem ter um nível de credibilidade, sendo verdadeiros, corretos e reais; devem estar disponíveis sempre quando houver necessidade; devem ser atuais e possibilitar uma interpretação e análises pertinentes para seu consumo.

- Estruturação do Sistema de Informação. Este sistema de informações deve partir de necessidades de informação e tem de possibilitar aplicações pontuais dentro da organização. Deve apresentar uma periodicidade que garanta tanto a credibilidade como a aplicação efetiva. Parte das informações que alimentam o sistema provém do ambiente externo da empresa, considerando a realidade do mercado. Portanto, assinatura de jornais, revistas e periódicos, relatórios de entidades externas, redes sociais, pesquisas de instituições e entidades públicas ou mesmo pesquisas que a própria empresa pode realizar alimentam o sistema. Por outro lado, conteúdos mais focados e direcionados dependem exclusivamente de fontes internas. Desta forma, a área de Gestão de Pessoas deve procurar o registro sistemático de suas atividades e ações, de forma a garantir a obtenção de dados e a criação e produção de informações.

A própria dinâmica da área de Gestão de Pessoas necessita de registros que visam a atualização com as outras áreas. Dados e informações como salários e benefícios, período de férias, número de funcionários e outros impactam na gestão de outros departamentos como o financeiro, atendimento, contabilidade e *marketing*, por exemplo.

- Consolidação a partir dos relatórios gerenciais. Representam a consolidação de todo o processo de coleta, triagem, interpretação e análise de dados e informações, procurando atender aos interesses de cada usuário. Tanto o sistema como o relatório devem ser flexíveis o bastante para possibilitar a inclusão de novos dados e informações, além de novos cruzamentos necessários.

Figura XVIII – Relação cliente-fornecedor.

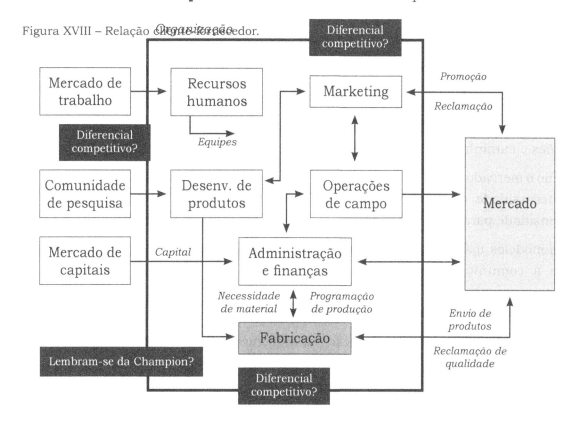

Fonte: Adaptado de Rummler e Brache (1994, p. 48).

A construção e formalização do sistema de informações devem levar em consideração que todas as áreas da empresa necessitam de dados e informações. Dessa forma, se estabelece a relação fornecedor-cliente, onde se considera que, analogamente à empresa e ao consumidor externo, o ambiente interno também exige que se leve em conta que um departamento necessita de dados e informações de outros.

A construção e utilização de um sistema de informações possibilitam que o planejamento estratégico da empresa, bem como da de gestão de pessoas se realize de forma a consolidar a posição competitiva da organização.

Os relatórios gerenciais devem atender a diferentes áreas, porém com possibilidade de os dados e informações estarem padronizados a todos. Tomando como exemplo um meio de hospedagem, existem relatórios que fornecem conteúdos sobre a taxa de ocupação do dia anterior, serviços consumidos, alimentos e bebidas, lavanderia, entre outros que alimentam várias outras áreas. A contabilidade e a área financeira devem receber dados referentes à entrada e saída de caixa, contas a pagar e necessidades de aquisição de materiais e alimentos, entre outros, exigindo um desdobramento dos relatórios.

Informação e Comunicação

Informação e comunicação são dois conceitos que se completam na gestão de uma empresa. A comunicação move uma empresa, no sentido que todo seu público interno entenda o que seus dirigentes se propõem a fazer, quais são as razões e caminhos.

Como o mercado é dinâmico, está suscetível a grandes mudanças e transformações. A necessidade da comunicação empresarial é evidente, derivando a forma e intensidade para cada empresa e modelo de hierarquização adotados.

Nos modelos mais tradicionais, apresentados em forma de pirâmide, preconizam que a comunicação seja efetuada de "cima para baixo". Nos modelos mais contemporâneos, como o modelo matricial, procuram descentralizar a comunicação, a partir da criação de células ou unidades de comando.

Boa parte da dificuldade da empresa em implementar mudanças reside em falhas na comunicação, podendo ser citadas desde erros nos conteúdos das mensagens, propósitos e objetivos não definidos, bem como na dificuldade dos envolvidos em interpretar e assimilar o que está sendo proposto.

Outro fator que pode influenciar nas mudanças é a existência de uma cultura interna predominante que, por vezes, torna o processo de mudança mais difícil, pois não reside numa comunicação mais complexa. Mudanças empresariais mais contundentes podem ser informadas pelos veículos de massa disponíveis pela empresa, como por e-mail, por exemplo, que devem ser complementadas com reuniões com os respectivos gestores, por exemplo.

Dessa forma, a comunicação deve conter as informações necessárias para que a empresa possa atingir os objetivos de comunicação. Esse processo deve ser devidamente gerenciado, de forma que a empresa possa se comunicar eficazmente com o seu público interno, bem como com o externo.

Áreas como o de Gestão de Pessoas necessitam da gestão da comunicação, no sentido de manterem seus colaboradores internos quanto aos propósitos da organização, bem como da evolução individual de carreira.

Planejamento estratégico

Com a formalização dos sistemas de informação, a empresa pode se estruturar de modo a planejar suas ações de forma mais efetiva. Entende-se como planejamento (OLIVEIRA, 1996, p. 288) a:

identificação, análise, estruturação e coordenação de missões, propósitos, desafios, metas, estratégias, políticas, programas, projetos e atividades, bem como de expectativas, crenças, comportamentos e atitudes, a fim de se alcançar de modo mais eficiente, eficaz e efetivo o máximo do desenvolvimento possível, com a melhor concentração de esforços e recursos pela empresa.

O processo de elaboração de um plano empresarial é importante para a empresa, a fim de que todos os integrantes venham a compreender e participar do processo de maneira cooperativa, criativa e analítica. A estratégia é o ponto convergente de qualquer plano, pois é a chave para se responder às indagações referentes aos rumos que uma empresa ou negócio pretende seguir.

Figura XIX– Visão geral do planejamento e estratégia empresarial.

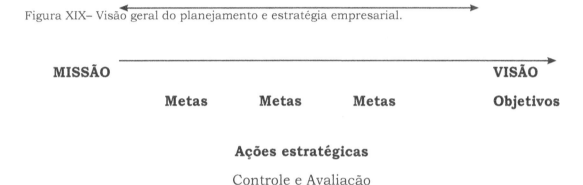

Fonte: O autor.

- A **missão** de empresa pode ser definida como a própria razão de sua existência. Formalmente falando, ela é informada no estatuto social, onde existe o enquadramento legal e tributário do negócio. Em termos de planejamento estratégico, ela define o horizonte em direção ao qual a empresa deverá concentrar seus esforços no sentido de atingir um futuro desejado.

O público interno, independentemente do nível, deve conhecer de forma clara a missão da empresa em que trabalha, no sentido de adequar seus comportamentos e atitudes. Exemplos de missão:

Microsoft:

Na Microsoft, a função é ajudar as pessoas e empresas em todo o mundo a concretizar todo seu potencial. Esta é a missão da Microsoft. Tudo o que ela faz reflete-se na missão e nos valores que a tornam possível.

Natura:

Para ser percebida como uma empresa social e ambientalmente responsável e atuante, a Natura parte da premissa de que os impactos ambientais de sua atividade decorrem de uma cadeia de transformações, da qual representa somente uma parte. Por isso, acredita que, para ter eficácia, as ações ambientais precisam considerar cada cadeia produtiva de maneira integral.

- A visão de empresa representa os limites pelas quais os responsáveis pela empresa conseguem visualizar o seu negócio, dentro de um período mais longo, ampliando os horizontes competitivos. Portanto, enquanto a missão pode representar o futuro, a visão pode indicar que caminhos a empresa poderá trilhar para atingir um futuro melhor. Segue exemplo de visão da Coca-Cola Brasil (2014):

Figura XX – Missão da Coca-Cola Brasil.

Pessoas	Ser um ótimo local para trabalhar, onde as pessoas se inspirem para ser o melhor que puderem.
Portfólio	Oferecer ao mundo um portfólio de marcas de bebida com qualidade que antecipe e atenda às necessidades e aos desejos das pessoas.
Parceiros	Nutrir uma rede vencedora de clientes e de fornecedores. Juntos, criamos valor mútuo e duradouro.
Planeta	Ser um cidadão responsável que faça a diferença, ajudando a criar e a apoiar comunidades sustentáveis.
Lucro	Maximizar o retorno em longo prazo para os acionistas, tendo ciência de nossas responsabilidades como um todo.
Produtividade	Ser uma organização altamente eficiente, enxuta e ativa.

Fonte: Coca-Cola Brasil (2014).

A partir da missão e visão são estipulados os princípios e valores que nortearão o comportamento e atitudes das empresas. Pode-se definir como princípios e valores de uma empresa os comportamentos que estão relacionados à forma de gestão de uma empresa. Esses valores geralmente estão vinculados a comportamentos éticos, morais, de responsabilidade social, transparência, entre outros. Geralmente estão integrados à cultura organizacional

Exemplo de princípios e valores das Lojas Renner:

Princípios Empresariais:

Encantar o cliente é nosso ponto de honra.

O valor pago pelo cliente deve proporcionar o máximo em produtos e serviços.

Valorização de nossos colaboradores e incentivo ao seu desenvolvimento profissional e pessoal.

O profissional Renner faz acontecer.

O lucro é fundamental para o crescimento e continuidade da empresa.

Busca contínua de inovação e competitividade.

Qualidade em todas as nossas ações.

A responsabilidade social e ambiental orienta nossas ações.

Valores

Respeito aos clientes, aos colaboradores, aos fornecedores, ao patrimônio e aos princípios da empresa.

Honestidade e verdade em todas as ações e atitudes.

Humildade, estando sempre aberto a sugestões, novas ideias e conceitos.

Austeridade no uso de recursos da empresa.

Lealdade, serenidade e franqueza entre todos os colaboradores da empresa.

Sigilo no tratamento das informações da empresa.

Justiça nas decisões, baseando-se sempre nos princípios e valores da empresa.

Igualdade no tratamento com as pessoas.

A empresa deve ter uma gestão de comunicação que informe e internalize a missão, visão e valores ao público interno. Por tratar de valores humanos, depende da área de Gestão de Pessoas o suporte para a formulação de valores e princípios da empresa, bem como da cultura organizacional. Entende-se por cultura organizacional a maneira de ser da empresa, relacionada a seu comportamento e valores institucionais. Esses itens criam uma identidade institucional da empresa que serve como um catalisador agregador e convergente de seu público interno e que deve ser reconhecida por seu público-alvo, diferenciando-a dos concorrentes.

Para que a empresa caminhe para o sucesso desejado, é necessário que suas diferentes áreas também incorporem a missão e visão dela, de forma a obter a integração e contribuição necessárias. Dessa forma, o próprio Departamento de Recursos Humanos também pode ter a sua missão institucional, levando em consideração a relação fornecedor-cliente. Exemplo hipotético de uma missão do departamento: *motivar os colaboradores internos e gerar a produtividade requerida, de forma a atrair, desenvolver e reter seus talentos humanos na organização.*

Objetivos e metas corporativas

A partir da missão e visão, é possível a empresa definir com clareza para aonde pretende chegar de forma efetiva, de forma a delinear como será este processo:

- Objetivos são situações que se pretende atingir no longo prazo e que norteiam a criação das metas. Considera-se que objetivos devem ser preferenciados qualitativos para dar um norteamento, mas não um caminho já preestabelecido. Constituem-se como desafios a serem transpostos. Um exemplo de objetivo: ser a melhor empresa na área de Tecnologia de Informação, fornecendo soluções para seus clientes externos e satisfação para seus clientes internos.
- Metas se referem a etapas a serem cumpridas a partir de objetivos estabelecidos. Cada etapa envolve um tempo menor para seu atingimento e a cada superação a empresa fica mais próximo de seu objetivo. Metas geralmente são quantificáveis, como crescer anualmente as vendas em 3%, nos próximos cinco anos.

Quadro XII – Exemplo de objetivos e metas.

Planejamento Estratégico da Área de RH	
Formular objetivos de longo prazo, no sentido de poder contextualizar as metas de médio e curto prazo da área de Recursos Humanos.	
Abrir uma nova filial na cidade de São Paulo no prazo de cinco anos.	• Identificar colaboradores internos que possam dar o suporte necessário para a implantação e operacionalização da nova filial. • Analisar o processo sucessório desses colaboradores internos. • Definir programa de benefícios diferenciados para esses colaboradores. • Identificar as necessidades de mão de obra e desenhar a estrutura organizacional.

Fonte: O autor.

As metas que estão relacionadas às decisões estratégicas são voltadas ao negócio em que a empresa atua e ao respectivo ambiente, mercado, concorrentes, organização, finanças e outras alternativas que compõem o negócio da empresa. É importante frisar que existe a necessidade de desdobramento das metas para o nível tático, de forma que se consolidem os resultados esperados a partir dos objetivos.

Metas e objetivos devem ser acompanhados de formas de mensuração. O controle e avaliação é necessário para comparar o que foi prometido e o que foi devidamente efetivado. Por meio do controle e avaliação é possível adotar as ações corretivas no sentido de regularizar ou mesmo repensar o que foi realizado.

Planejamento estratégico: considerações gerais

A partir deste norteamento é que o planejamento estratégico se consolida e as ações estratégicas são criadas e desenvolvidas. Considera-se como estratégia o conjunto de linhas que especificam que posição a empresa pretende ter no mercado. Esse posicionamento estratégico indicará que caminhos particulares a empresa deverá percorrer e definirá que ações estratégicas serão realizadas. Cada ação estratégica conduzirá a empresa a outro patamar competitivo, gerando resultados e a necessidade de outras ações subsequentes.

A estratégia está intimamente relacionada à visão e missão da empresa, aos recursos necessários, aos instrumentos a serem utilizados e que geram os resultados necessários para que a empresa caminhe para o sucesso.

Considerando os grandes níveis hierárquicos, a amplitude e impactos das decisões e ações, podem-se distinguir três tipos de planejamento: o estratégico, o tático e o operacional.

- De forma resumida, o planejamento estratégico relaciona-se com objetivos de longo prazo e define maneiras e ações para alcançá-los que afetam a empresa como um todo. Em outras palavras, se trata de uma metodologia gerencial que possibilita uma melhor interação com o ambiente onde a empresa está inserida. Está relacionada diretamente aos resultados do negócio.

- O planejamento tático relaciona-se com os objetivos de curto e médio prazo e define maneiras e ações que geralmente, afetam somente uma parte da empresa. Geralmente está diretamente relacionada aos níveis departamentais de uma empresa e seus níveis gerenciais.

- O planejamento operacional se refere aos níveis hierárquicos inferiores da organização, ou seja, às áreas funcionais da empresa, o que tradicionalmente se denominou como "chão de fábrica".

O planejamento estratégico, se aplicado de forma isolada, torna-se insuficiente, uma vez que o estabelecimento de objetivos de longo prazo, bem como sua amplitude e alcance, dependem também dos esforços de outros níveis da empresa. Por ter uma amplitude de longo prazo, geralmente resulta numa situação incerta, passível de uma série de situações e problemas, dependendo do cenário. Portanto, não existem ações mais imediatas que operacionalizem o planejamento estratégico. A falta desses aspectos é suprida através do desenvolvimento e implantação dos planejamentos táticos e operacionais, de forma integrada.

Um dos desafios organizacionais é como a alta hierarquia pode transmitir o que é necessário para os diferentes níveis tático e operacional, de forma que a ação estratégica se consolide plenamente e em equilíbrio. Por vezes, grandes objetivos são delineados pela alta cúpula, sem contudo comunicar de forma eficiente e efetiva aos níveis inferiores, impossibilitando a total integração.

Tem-se, pois, a condicionante estratégica, que é a delimitação de formas de sobrevivência e crescimento de negócios e das empresas. Por outro lado, encontram-se os funcionários (de nível operacional ou tático) desempenhando funções de negócios para a organização.

No processo de definição de estratégias, podem-se identificar diferentes áreas dentro de uma organização que possuem importância variável, conforme o segmento de negócios e estrutura da empresa.

Função estratégica da Área de Recursos Humanos

A área de Recursos Humanos é responsável pela composição dos colaboradores internos que atenderão aos objetivos estratégicos da empresa. Envolve todo o processo de contratação – identificação, atração, manutenção, capacitação, bem como o processo sucessório e o desligamento.

São de sua responsabilidade a criação e manutenção da cultura e clima organizacional, de forma a manter uma identidade e posicionamento estratégico. Também é responsável pelas políticas e práticas que conduzam a carreira do profissional.

De simples área operacional denominada antigamente como Departamento de Pessoal, passou por uma série de mudanças e transformações no decorrer dos anos se transformando numa das áreas mais importantes da organização, sendo denominada atualmente como Gestão de Pessoas. Tradicionalmente também é conhecida como Recursos Humanos.

A organização deve elaborar seu plano estratégico, efetuando uma autoavaliação e análise de suas várias estratégias utilizadas, frente aos diferentes mercados em que atua. Podem ser utilizadas: estratégias de produtos e serviços; estratégias de *marketing*; estratégias de crescimento; estratégias financeiras; estratégias organizacionais; estratégias de pessoal e estratégias de relações públicas. Independentemente da amplitude, têm-se o fator humano como um dos principais catalisadores.

Figura XXI – Planejamento de Recursos Humanos.

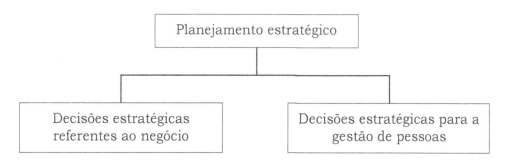

Fonte: O autor.

A área de Recursos Humanos direciona a composição humana da empresa, sua estrutura organizacional e respectivo organograma, variando-a conforme os objetivos traçados no plano de negócios e segundo diversas questões, como política salarial, seleção, recrutamento, treinamento, avaliação de pessoal e plano de carreira.

Considera-se como estrutura organizacional o conjunto de partes que compõem a empresa, definindo a hierarquia, níveis de comunicação e de responsabilidade. Desta estrutura deriva a estrutura de cargos, que se trata da composição de cargos conforme o modelo organizacional. Finalmente, o organograma representa graficamente a estrutura de cargos da empresa.

As linhas de sucessão e o perfil profissional fortalecem a estruturação organizacional, de forma a indicar a dinâmica sobre a hierarquização, bem com o perfil psicográfico necessário para a consecução de atividades-chave da empresa.

Terceirização (*Outsourcing*)

De forma em geral, pequenas empresas tem uma estrutura mais enxuta, devido até o seu potencial de negócios. Com o passar dos tempos, essas empresas tendem a um crescimento nos negócios, o que conduz naturalmente a uma estrutura organizacional maior. Um dos pontos a considerar é a necessidade da criação de novos cargos e respectivas funções que agreguem valor para a empresa.

Outro ponto a considerar é a possibilidade de terceirização e quarteirização no sentido de atender as necessidades de crescimento sem o aumento de cargos dentro da organização.

Considera-se como terceirização o processo gerencial que visa repassar para terceiros as atividades não fins da empresa. Essas atividades não estão diretamente relacionadas ao negócio da empresa e dos respectivos processos. Um banco, por exemplo, pode terceirizar seus serviços de divulgação ou mesmo os das ascensoristas, como também um hotel pode terceirizar a alimentação – o restaurante.

Os processos de terceirização devem envolver uma melhor gestão da empresa, onde somente os resultados dos serviços devem ser controlados. Entretanto, muitas empresas adotam o sistema como forma simples de redução de custos e despesas.

A quarteirização está relacionada à terceirização dos prestadores de serviços da empresa. Seguindo um dos exemplos anteriores, o restaurante terceirizado do hotel não necessita ter em seu quadro funcional parte de seus funcionários, como os garçons, por exemplo, cuja quantidade pode variar de acordo com a época.

Esses processos podem trazer benefícios para as empresas, mas também problemas, se não forem bem planejados e introduzidos na empresa. Podem ocorrer situações relacionados a direitos e deveres trabalhistas por parte das pessoas que prestam os serviços. Por outro lado, a empresa principal deve ter em mente que, a responsabilidade da qualidade dos serviços prestados é mútua, isto é: envolve a empresa contratante, contratada e os seus clientes.

Análise interna organizacional

Conforme Oliveira (1996, p. 103) existem aspectos que devem ser levados em consideração para uma análise interna organizacional:

- Quais são as atitudes e o grau de importância da alta administração quanto ao assunto fator humano na empresa? Empresas que utilizam mão de obra não especializada tendem a atribuir um valor menor ao seu público interno. Por outro lado, empresas que necessitam de um pessoal mais especializado tendem a ter uma preocupação maior com a identificação e manutenção de profissionais, devido à escassez, bem como valorizar atributos diferenciados. Porém, independentemente das características de seus funcionários, a empresa deve considerar que todos seus integrantes são importantes e contribuem de forma diferenciada para a construção de valor.

- Qual é a eficácia dos programas de recrutamento, seleção e admissão de funcionários? E dos programas de treinamento e promoção? Cada organização tem características e necessidades distintas e, portanto, programas diferenciados de capacitação. Esses programas de capacitação devem envolver todos os níveis – operacional, tático e estratégico, de forma a equilibrar os conteúdos e capacidades de seu público interno. Procura-se a excelência organizacional a partir das políticas de treinamento e capacitação das empresas.

- Qual é o índice de rotatividade dos empregados? Os processos de admissão e demissão envolvem custos e despesas, além de esforços por parte da área de Gestão de Pessoas como da empresa. Por essas razões, o *turnover* deve ser restringido, mas nem sempre é possível evitar a rotatividade, mesmo para aquelas empresas que utilizam um pessoal mais especializado.

- Como está o quadro de carreira e o plano de cargos e salários? É obrigação da área de Gestão de Pessoas efetivar a estruturação funcional, bem como cuidar da política de cargos e salários. Essa estrutura funcional reflete as características e a imagem da empresa, bem como sua cultura organizacional e daqueles que contribuem para o desenvolvimento de negócios.

- Como é o plano de benefícios? O plano de benefícios contribui para a manutenção de empregados bem como pode diminuir o *turnover*, ou mesmo atrair novos colaboradores. Pode refletir o grau de importância que a empresa atribui aos seus colaboradores, melhorando a motivação e a produtividade em geral.

- Qual é o clima organizacional? A maneira de ser da empresa pode refletir se a condução das políticas internas estão alinhadas ou apresentam algum tipo de problema. O clima organizacional deve ser monitorado de forma constante para a preservação da identidade da empresa.

- Outros. O processo de gestão de pessoas é um processo complexo e dinâmico, necessitando que a empresa não tome como referência principal somente seu ambiente interno, mas que monitore constante também o comportamento dos concorrentes e o que eles estão realizando.

As considerações de cada questão variam de acordo com as características, dinâmica de cada segmento econômico e aspectos situacionais. Alguns segmentos possuem como característica uma mão de obra com baixa qualificação e, consequentemente, remuneração menor. Outras, mais técnicas, necessitam de um pessoal mais especializado.

Outro fator importante é a intensidade da concorrência, que pode levar a empresa a adotar estratégias e atitudes diferentes. A concorrência é um importante referencial que não pode ser ignorado, muito pelo contrário: é possível realizar um *benchmarking* competitivo.

Considera-se como *benchmarking* competitivo a pesquisa que visa à identificação de características dos concorrentes. Por vezes, o próprio mercado pode conduzir a práticas e comportamentos que podem servir para que a empresa possa incorporá-los em suas estratégias.

O benchmarking competitivo permite analisar comparativamente os fatores de sucesso que conduziram determinada empresa ao sucesso, como também fatores que levaram ao fracasso e em que pontos a empresa vai tentar evitá-los. Porém, o *benchmarking* pode comparar processos, estratégias de empresas concorrentes bem como de outros setores econômicos. Essa última técnica possibilita, entre outros benefícios, a incorporação de mecanismos, técnicas e práticas inovadoras, que podem fazer diferença numa empresa de determinado setor econômico.

O planejamento estratégico de recursos humanos constitui-se numa análise criteriosa e cuidadosa do meio ambiente em que a empresa está inserida, especialmente no que se refere às oportunidades oferecidas por ele. E neste contexto também está inclusa a concorrência em todos os níveis.

Planejamento de Recursos Humanos

Consiste no estabelecimento de mecanismos administrativos que visam analisar o controle de mão de obra e de seus custos e despesas de operação, dentro das linhas delineadas no planejamento estratégico da empresa. Sua linha de ação está relacionada à identificação, análise e manutenção de talentos humanos, no sentido de atender às necessidades organizacionais e estar devidamente alinhada aos propósitos estratégicos. É constituído por dois componentes:

- O planejamento do efetivo de pessoal e seus custos previstos. Conforme Toledo e Milioni (1994), constitui-se numa espécie de programa que pretende prever e prover as empresas com pessoal adequado, devidamente alinhados e capacitados, de forma a atender os objetivos estratégicos da organização, de forma efetiva, eficaz e eficiente.

- O controle desses efetivos e custos constituindo-se numa forma de relação entre os resultados alcançados e os objetivos propostos a longo do tempo. Esses custos e despesas envolvem as necessidades de treinamento, contratação, demissão, entre outros aspectos.

O planejamento de recursos humanos, integrado ao planejamento estratégico, visa dimensionar quantitativa e qualitativamente os recursos humanos exigidos, como e quando podem ser providenciados, para que os profissionais que desempenharão atividades futuras tenham a competência e o desempenho equivalentes às funções oferecidas pela empresa.

Quadro XIII – Exemplo de Planejamento de Recursos Humanos.

Planejamento	
Negócio	Recursos humanos
Decisões estratégicas a partir dos objetivos e metas.	Ações para a implementação das decisões estratégicas.
Empresa.	Implementação de plano de carreira e salários.
Ambiente de negócios.	Relacionamentos sindicais.
Concorrentes.	Capacitação dos colaboradores internos.
Mercado.	Pesquisa de mercado.
Finanças.	Análise de custos e despesas.
Outros.	Outros.

Fonte: O autor.

As metas estão relacionadas às decisões estratégicas que são voltadas aos negócios da empresa e respectivos ambiente, mercado, concorrentes, organização, finanças e outras alternativas que compõem o negócio da empresa.

Colocando as estratégias em movimento

Uma das formas mais seguras que garantem com que as estratégias sejam implementadas com sucesso é a gestão de projetos. Esses projetos são identificados durante o desenvolvimento do planejamento estratégico da empresa, bem como da percepção da empresa em introduzir mudanças dentro de seu ambiente de negócios. Novos projetos também podem derivar de oportunidades de mercado que não estavam inseridas no planejamento estratégico, o que reforça sua importância para a diminuição de riscos e incertezas.

Conforme Clements e Gido (2014, p. 3), "projeto é um esforço para se alcançar um objetivo específico por meio de um conjunto único de tarefas inter-relacionadas e da utilização eficaz de recursos", o que, certamente, envolve práticas relacionadas à gestão que auxiliarão na produtividade e sinergia dos recursos a serem utilizados. Todo projeto tem um início, desenvolvimento e término.

Conforme a prática, um projeto, para ser gerenciado, deve ter identificado nele as fases de iniciação, planejamento, realização e finalização, no sentido de conciliar a utilização de recursos e esforços que atinjam os resultados esperados dentro de perspectivas que envolvam a eficiência e eficácia de forma efetiva.

Projetos também ajudam a indicar as necessidades de recursos e insumos. Quando agrupados, constituem-se em portfólio de projetos que devem ser gerenciados de forma a alocar e otimizar os recursos e resultados disponíveis. Da mesma forma que o planejamento estratégico, projetos devem ter um começo, meio e fim, necessitando de um controle de avaliação eficaz.

Plano de carreira do ponto de vista da empresa

A elaboração do plano de carreira é uma etapa essencial para que a empresa atinja seus objetivos, bem como prover o desenvolvimento profissional de seus colaboradores internos. É uma estratégia da empresa que permite aos gestores e colaboradores terem uma visão clara de curto, médio e longo prazo, quanto às possibilidades de ascensão profissional, bem como a oportunidade de gestão de recursos que viabilize o acontecimento de tal fato. Um plano de carreira transparente influencia o comprometimento, a motivação, a produtividade e a obtenção de resultados gerais de toda a equipe, além de diminuir o *turnover*.

O plano de carreira possibilita à empresa fornecer os insumos e treinamentos necessários para que seja consolidada de forma qualitativa as atividades de cada profissional, bem como possibilita o autodesenvolvimento por parte do colaborador interno. Todo esse processo conduz ao crescimento e amadurecimento profissional, facilitando a mobilidade horizontal e vertical no organograma da empresa. Dessa forma, contempla-se as necessidades de ambos os lados, dentro da missão, visão, valores e dos valores morais e do código de ética da empresa.

Mais do que simples gestão, um plano de carreira bem feito possibilita a capacitação e a potencialização de seus colaboradores internos. E, consequentemente, a posição de destaque que a empresa pretende ter.

Gestão da remuneração

Conforme Rodrigues (2005, p. 2), a remuneração é uma forma estruturada relacionada aos pagamentos dos trabalhadores, Essa estrutura baseada na remuneração é montada conforme o modelo tradicional, diretamente relacionada ao cargo ocupado e devidamente contextualizada com as políticas e estratégias de cargos e salários. Outra forma de estruturação possível é utilizar a remuneração baseada em outros critérios não tradicionais, relacionadas à produtividade, desenvolvimento de competências e resultados, se tornando um instrumento de satisfação e empenho maiores.

Formas de valorização do público interno

Um dos recursos mais importantes de uma empresa são os funcionários, isto é, os colaboradores e talentos que integram uma organização. São profissionais que realizam negócios, planejam e implementam as ações. Portanto, além da remuneração pelo trabalho e resultados auferidos, os salários indiretos e benefícios constituem uma forma de incentivar tais talentos.

Pessoas são mais que pessoas. Fazem parte de um universo maior, pois estão interconectadas com a família, consumidores, governo, impostos, enfim, devem ser considerados mais que um *headcount* individual.

Dessa forma, deve-se respeitar sua capacidade de trabalho e contribuição para a empresa mediante uma reciprocidade pecuniária. Considera-se como salário uma retribuição básica em dinheiro, estabelecida e acordada para um trabalho, resultante da avaliação do cargo e a função desempenhadas.

Para Wood Júnior e Picarelli Filho (1997), os modelos de remuneração podem ser agrupados em oito grandes categorias:

- Remuneração funcional, é a forma de remuneração mais simples e tradicional do mercado, sendo determinada pela função e cargo e ajustada de acordo com performance do empregado, dinâmica do mercado e aspectos da legislação trabalhista. Esta remuneração serve como referência básica para a incorporação de outras formas de remuneração e plano de incentivos e benefícios.

- O salário indireto é a remuneração acessória, existente com o propósito de complementar o salário básico de uma função, e os benefícios são os componentes referentes à remuneração indireta dos funcionários. Pode ser constituída de todos os agregados do salário funcional, constituído por benefícios e vantagens de acordo com o cargo hierárquico, com a possibilidade de flexibilização, a partir da escolha dos benefícios dentro das opções disponíveis.

- A remuneração por habilidades dos colaboradores internos é determinada pelo conjunto de habilidades adquiridas e desenvolvidas, sua formação, capacitação e desenvolvimento.

- A remuneração por competências refere-se ao conjunto de competências desenvolvidas pelos colaboradores internos, geralmente relacionados ao nível gerencial.

- Os planos privados de aposentadoria, como complemento à remuneração e se trata de um benefício que consolida os relacionamentos profissionais no médio e longo prazo.

- A remuneração variável, vinculada à performance individual, de grupo ou mesmo da empresa, pode decorrer da participação limitada nos lucros ou a remuneração por resultados.

- A participação acionária, vinculada aos objetivos de rentabilidade da empresa, pode comprometer o relacionamento entre as partes, pois parte do resultado final deve ser passada ao colaborador interno.

- As alternativas criativas, em que a empresa pode premiar os esforços com formas diferentes de incentivo, como bônus, gratificações e outras maneiras de reconhecimento profissional.

A remuneração básica deve ser bem delineada, no sentido de atrair os melhores colaboradores internos, bem como o plano de benefícios é primordial para diferenciar e valorizar os esforços individuais e de grupo. Para que um profissional se sinta plenamente satisfeito e motivado dentro de uma empresa, o salário e benefícios são importantes. Exemplos de benefícios:

- Adicionais por produtividade
- Assistência médica
- Assistência odontológica
- Auxílio-creche
- Auxílio-doença
- Auxílio-educação
- Auxílio-funeral
- Auxílio psicoterápico
- Café da manhã
- Cesta básica
- Complementação de aposentadoria
- Convênio-berçário
- Convênio com farmácias para desconto de despesas
- Convênios com supermercados para desconto de despesas
- Empréstimo social
- Garantia de emprego e salário
- Gratificação de férias
- Lanche

- Pagamento de plantão a distância
- Participação nos resultados da empresa
- Plano de desenvolvimento profissional
- Restaurante no local de trabalho
- Vale-alimentação
- Vale-refeição
- Vale-transporte

Um professor universitário, por exemplo, recebe uma hora de trabalho por aula ministrada. A soma das aulas no período representa o salário base, cujo valor é acrescido pelo adicional de final de semana, adicional noturno, hora atividade, FGTS, férias mais um terço e 13º salário. Algumas Instituições de Ensino Superior (IES) concedem bônus por desempenho, reembolsos por pesquisa, apoio à pesquisa e cursos, cujas receitas são compartilhadas entre a escola e o professor.

Cada categoria profissional deve ter um padrão de benefícios, lastreados por lei e, em parte, conquistados em acordo coletivo pelas negociações com os sindicatos e entidades de classe. Ainda assim, a empresa é livre para determinar quais benefícios e incentivos são necessários para manter o público interno devidamente motivado e atuante.

Os benefícios visam incentivar, motivar e, consequentemente, diminuir a rotatividade dos componentes da organização: porém, perspectivas de curto prazo de carreira e bom clima organizacional também são apontados como fatores determinantes. Caso não haja um bom equilíbrio entre esses fatores, possivelmente o profissional deixará a organização, e irá para um lugar onde tenha plena satisfação.

Organização em ambientes globalizados

A partir do fenômeno da globalização, empresas tiveram a oportunidade de buscar mercados externos com o objetivo de garantir e manter suas posições competitivas, bem como para obter ganhos maiores pela melhoria da sinergia e da produtividade com a economia de escala. Além disso, naturalmente, poderiam conseguir uma diversificação de riscos entre o mercado doméstico e o internacional. Desse modo, as diferentes formas de gestão foram evoluindo a partir das experiências de cada empresa e de seus profissionais nesses mercados em expansão.

Entretanto, além dessa ótica, as empresas têm se deparado também com a necessidade de adequação da mão de obra, no sentido de fazerem com que realmente as estratégias aconteçam da melhor maneira possível – desde o gestor dos negócios internacionais até o atendimento do *front office* e *back office* da organização.

Empresas não devem depender somente do mercado doméstico para a formulação de estratégias. O mercado internacional tem influenciado de forma significativa a consecução de atividades, recursos e resultados, resultando numa organização que tenha uma capacidade diferente para atender as diferentes demandas externas.

O grande desafio enfrentado pelas empresas não é só o de desenvolver estratégias globais, mas sim adquirir capacidade organizacional suficiente para complementar essas estratégias. Alguns acreditam que a elaboração de uma estratégia correta constitui apenas 20% do êxito organizacional. Os 80% restantes ficam por conta da implementação da estratégia, daí a necessidade da clara identificação e análise de talentos humanos em uma organização.

Para a implementação da estratégia, o desenvolvimento de uma cultura organizacional global envolve a formação de valores, mecanismos e processos de integração entre os funcionários dos vários setores da empresa que lhes permitam reagir às constantes mudanças que ocorrem em um mercado global competitivo.

Não se trata apenas de fazer negócios internacionalmente ou mesmo de ter subsidiárias no exterior, mas sim de ter uma filosofia voltada para o desenvolvimento de negócios em ambientes globalizados. Nesse aspecto, os programas de treinamento e os planos de carreira internacionais (envolvendo, inclusive, os *troubleshoters*) para os funcionários são duas das diretrizes a serem seguidas pela empresa.

Mutante é o cenário que profissionais e organizações estão descobrindo a partir da abertura da economia aos mercados internacionais. As turbulências deixam de ser exceções para tornarem-se dados da normalidade. Os parâmetros mudam com uma rapidez jamais vista e a aceleração das mudanças é crescente. É enorme a quantidade e a variedade de situações novas que já começam a se colocar diante das lideranças e que tenderão, aceleradamente, a aumentar.

As diferenças entre as nações proporcionam a geração de riqueza ou miséria entre os respectivos habitantes. Portanto, empresas menos preparadas encontrarão dificuldades em se adequar à livre concorrência internacional. Em contraponto, empresas mais bem preparadas devem se preocupar em não somente em atender os seus consumidores, mas também fornecer para a sociedade contribuições positivas que levem a uma nova realidade social.

Torna-se necessário, então, o desenvolvimento de novas formas de pensar, agir e administrar que possibilitem a redução dos impactos da concorrência nacional e internacional, promovendo a sobrevivência, manutenção e crescimento sustentado das organizações.

O desenvolvimento de uma cultura organizacional global envolve a formação de valores, mecanismos e processos de integração entre os vários setores da empresa que lhes permitam reagir às constantes mudanças que ocorrem em um mercado global competitivo. Não se trata apenas de fazer negócios internacionalmente ou mesmo de ter subsidiárias no exterior. Na maioria das empresas, isso é tido como a última etapa de um programa de globalização. Elas costumam iniciar seu projeto de globalização realizando mudanças na estratégia e na estrutura e com algum treinamento de profissionais em tarefas globais.

Os consultores Ives Doz e C.K. Prahalad realizaram grandes pesquisas com empresas multinacionais como a Ericsson, ABB (Asea Brown Boveri), Philips, General Motors, IBM e Corning Glass Works. O livro com os resultados dessas pesquisas, *The Multinational Mission: Balancing Local Demands and Global Vision* [A missão das multinacionais: como equilibrar demandas locais e visão global], descreve muitos fatores que, na opinião desses pesquisadores, são importantes para a obtenção de uma capacidade estratégica global.

Doz e Prahalad (1987) definem a capacidade estratégica como "a capacidade inerente à organização de aprender continuamente sobre seu próprio ambiente a fim de produzir reações apropriadas e mobilizar recursos para competir".

Os dois autores também enfatizam a necessidade de um conjunto de ferramentas gerenciais para administrar uma cultura organizacional global. Essas ferramentas se enquadram nas seguintes categorias:

- Ferramentas gerenciais de informação que abranjam os sistemas de informação gerencial e de medição, formulação de procedimentos para melhor alocação de recursos, adoção de métodos de planejamento estratégico inovadores, processos de planejamento e aprovação de orçamentos.

- Ferramentas gerenciais de pessoas, incluindo a seleção de executivos, planos de carreira e sistemas de recompensas e de penalidades, desenvolvimento de práticas de gerenciamento e padrões de socialização pessoal e principalmente profissional.

- Ferramentas para a solução de conflitos, como atribuição de responsabilidades pelas decisões, estímulo a profissionais integradores, desenvolvimento de equipes de negócios, uso de comitês de coordenação, criação de equipes especiais e desenvolvimento de procedimentos para a solução de problemas.

Doz e Prahalad (1987) identificam ainda três elementos fundamentais para um gerenciamento de conflitos eficiente:

- O primeiro, envolve "um processo de defesa de pontos de vista diferentes ou pluralismo", que estimula as pessoas a considerar diferentes opiniões para resolver problemas.

- O segundo recomenda uma estrutura de poder flexível, que permite a qualquer pessoa contestar os critérios vigentes da organização: os funcionários são incentivados a questionar todas as ideias novas com base em dados e análises, incorporando esse tipo de pensamento.

- E o terceiro consiste em um processo apropriado para a tomada de decisão e sua implementação. Este princípio se aplica tanto à lealdade do funcionário no processo de implantação das decisões como à ênfase ao direito de discordar.

Na atual administração, o principal desafio para o gerenciamento de recursos humanos em uma organização global é a solução do conflito entre centralização e descentralização, onde existe uma cultura organizacional abrangente, que integre as subsidiárias descentralizadas e, ao mesmo tempo, formule políticas para o desenvolvimento de executivos internacionais. Resulta uma melhor integração e coordenação entre as unidades, minimizando os conflitos.

Para conseguir um gerenciamento adequado dos conflitos internos, as organizações globais devem contar com mentes matriciais de executivos que, individualmente, tomem decisões e estabeleça as negociações necessárias para impulsionar a empresa.

Para fazer frente à globalização, é necessária a formatação de diretrizes que orientem os talentos organizacionais para o sucesso da empresa.

Seis diretrizes para se tornar global

Rhinesmith (1992) apresenta as seis diretrizes para a empresa se tornar global:

- Formular uma filosofia de trabalho para a empresa, que deve ser clara e simples, de forma que toda organização tenha o entendimento de seus conteúdo e aplicações.

- Formar um fluxo eficaz das informações dentro da empresa, que informe e atualize as pessoas e que alicercem o processo decisório.

- Cultivar mentes matriciais para facilitar o gerenciamento de conflitos. Ser generalista no sentido de conhecer todos os processos da empresa – permitindo uma visão mais ampliada da empresa –, mas ser especialista naquilo que realiza.

- Desenvolver planos de carreira globais. A empresa deve considerar seriamente a contribuição de profissionais de outros países, bem como a possibilidade da expatriação de seus executivos.

- Aproveitar as diferenças culturais entre os funcionários e os diversos mercados nacionais e internacionais. A interculturalidade contribui com novas ideias, recursos, tecnologias e novas formas de gerenciamento.

Implantar programas de educação gerencial e desenvolvimento de equipes em âmbito mundial para ajudá-las a criar uma cultura organizacional global.

A maioria das empresas com uma cultura organizacional global bem-sucedida tem um enunciado claro e compreensível de sua filosofia de trabalho. Conforme observado por Kenichi Ohmae (1989) em seu livro *Além das fronteiras nacionais*, para se tornar global a empresa precisa desnacionalizar suas operações e criar um sistema de valores compartilhado por seus gerentes em todo o mundo, a fim de substituir o fator de união que no passado era proporcionado por uma orientação voltada para o país.

As empresas também devem criar sistemas que possibilitem a organização em direção a um objetivo estratégico comum. Uma das melhores maneiras de formar executivos desse tipo pela mobilidade. Na década de 1970, mais de 90% dos gerentes de alto nível das organizações multinacionais norte-americanas não possuíam passaporte. Hoje muitas empresas estão designando seu pessoal para cumprir funções temporárias no exterior durante um ou dois anos.

A organização não conseguirá se tornar verdadeiramente global a menos que promova planos de carreira globais para seus executivos, no país de origem, e proporcione oportunidades aos executivos de outros países de alcançarem os cargos mais elevados.

As empresas globais bem-sucedidas também são muito claras quanto a seus critérios de promoção e mantêm uma cultura organizacional global sensível aos estrangeiros, utilizando as diferentes características culturais como uma vantagem competitiva global.

O treinamento dos executivos não é suficiente quando realizado país por país, ou seja, sem levar em consideração os valores e a visão da organização como um todo. Programas de treinamento global devem ser adotados para estabelecer a identidade e a imagem da organização junto a seus funcionários, bem como campanhas publicitárias globais para os clientes.

No treinamento organizacional global, a empresa treina periodicamente seus gerentes principais em grupos internacionais constituídos de 20 a 40 pessoas. Isto serve para comparar e colocar em discussão os diferentes pontos de vista sobre determinado assunto e desenvolver relacionamentos globais.

Os benefícios da globalização são consideráveis. Por isso, a criação de uma cultura organizacional global deve ser uma prioridade para as empresas multinacionais. Os gerentes de recursos humanos têm importante papel a desempenhar neste processo.

Vantagens competitivas da empresa global

O emprego está desaparecendo lentamente no mundo, até mesmo nos países em desenvolvimento, como no Brasil, Argentina e México. A revolução tecnológica da informação amplia postos de trabalho quando as empresas buscam, cegamente, reduzir custos de produção e tornar seus bens e serviços cada vez mais competitivos.

Rifkin (1996) afirma que "o trabalhador mais barato do mundo não será tão barato quanto a tecnologia que vai substituí-lo" e que "pequenos grupos de trabalhadores de elite vão substituir a ocupação maciça de mão de obra, pois o processo de reestruturação empresarial e de modernização tecnológica apenas começou".

O economista discutiu vários dogmas sobre resultados positivos da economia do Estados Unidos, "onde o desemprego não é de apenas 4,8%", afirmou. Existem mais de seis milhões de pessoas que simplesmente desistiram de procurar emprego, por desesperança, e quando esses desempregados são considerados na estatística, a taxa sobe para 9,2%".

Rifkin diz que apenas um novo contrato social, uma nova ótica de administrar e gerenciar recursos humanos pode evitar o caos, se os empregos continuarem a ser eliminados. É fundamental que as empresas "compartilhem ganhos de produtividade com os funcionários", desenvolvam programas de participação nos lucros e resultados. Do contrário, "enfrentarão anos de levantes".

Vive-se uma terceira revolução industrial, em que as economias nacionais dão lugar à competição global e o conhecimento tecnológico tornou-se mais importante que qualquer recurso natural. Nessa nova realidade, as empresas dirigem-se para países e regiões onde possam produzir com mais eficiência e a um custo menor e as reservas de mercado, barreiras protecionistas e leis trabalhistas rígidas perderam jurisdição.

Para adaptar-se ao novo cenário de competição global, países desenvolvidos e em desenvolvimento, como o Brasil, têm de lidar com grandes forças liberadas por desequilíbrios da sociedade mundial, como o fim do comunismo (com a liberação de quase 2 bilhões de consumidores e trabalhadores no mercado global), a mutação das indústrias, agora voltadas para a tecnologia e o conhecimento, com valorização da habilidade profissional em detrimento dos recursos, a reorientação do consumo, para uma sociedade cuja faixa etária média será a mais velha da história, e a ausência de uma potência internacional hegemônica.

Dentro da nova ordem estará o país que, aberto à competitividade global, invista em educação, já que a maior riqueza nacional passou a ser a mão de obra qualificada.

Por conseguinte, a área que identificará os talentos humanos em uma organização terá grande relevância para o desempenho dos negócios em um ambiente global.

Considera-se então que a área de Recursos Humanos será de suma importância dentro dessa organização mais globalizada, pois servirá como base para a área de negócios dela.

Recomendações estratégicas para as empresas nos próximos anos

A partir do exposto, elencam-se algumas ações para uma melhor gestão de pessoas. Drucker (2007) já analisava que os principais desafios gerenciais do século XXI, para todas as empresas, estariam também, entre outros, relacionados às mudanças demográficas, às mudanças estruturais do setor e do mercado, mudanças em significados, percepções e novos conhecimentos.

A nova configuração que está se estruturando desde a década de 1980 vem trazendo um novo tipo de consumidor e colaborador interno, e as diferenças entre as gerações estão cada vez mais significativas, indicando a necessidade de ruptura entre o antes e o depois. Por outro lado, as empresas têm procurado diferentes modelos e novas formas de pensar seus recursos – isto é, a gestão. Nos significados e percepções, as empresas devem estar devidamente adaptadas em relação ao seu mercado consumidor, bem como em relação aos seus colaboradores internos.

Em pesquisa realizada pela Michigan Business Chiou (UMBS), em 2002, publicada pela revista *HSM Management*, as principais preocupações dos gestores de empresas residiam em:

1. Atrair, manter e desenvolver profissionalmente pessoas/talentos.
2. Manter um ambiente de alto desempenho.
3. Pensar e planejar estrategicamente.
4. Gerenciar o tempo e o estresse.
5. Produzir produtos e serviços de alta qualidade.
6. Permanecer à frente da concorrência.
7. Aumentar a satisfação do cliente.
8. Alinhar visão, estratégia e ação.
9. Manter o equilíbrio entre trabalho e vida pessoal.
10. Melhorar os processos internos.

Atualizando e complementando os resultados a partir de pesquisa qualitativa realizada, percebe-se ainda que os itens mencionados possuem grande importância dentro da gestão de empresas, em especial no Brasil. Nas décadas de 1980 a 1990, o item 5 seria a primeira opção, uma vez que o mundo estava passando por um período de reorganização e a linha ideológica do *marketing* estava em evidência, como também o *marketing* internacional, pela relação com o aprofundamento da globalização.

Na atualidade, aumentou a intensidade do recurso humano e da gestão de pessoas como formas sustentáveis de negócios. De modo geral, a concorrência internacional tem forçado as empresas a reverem cada vez mais seus programas e formas de gestão de recursos no sentido da obtenção de melhor produtividade, economia de escala e sinergia entre os diferentes processos organizacionais.

Além da importância da logística e da revisão de seus procedimentos, para a redução de custos e despesas, objetivando maior competitividade, desde a década de 1980 a área de Gestão de Pessoas tem ganhado impulso e fortalecido as empresas quanto às suas estratégias e ações. Drucker (2005) já recomendava que empresas e trabalhadores passassem a refletir sobre quais seriam suas forças e onde alocar suas potencialidades, de forma a obter os melhores resultados, garantindo sua posição competitiva e crescimento sustentado.

A partir desta visão, a empresa bem estruturada e devidamente conectada com o mercado poderá traduzir todas as suas potencialidades em estratégias que visam agregar valor e manter sua sustentabilidade orgânica em mercados internacionais.

Missão, valores e visão

O restaurante tem definidas suas diretrizes, transcritas a seguir:

MISSÃO: satisfação dos clientes internos e externos, oferecendo um atendimento personalizado, uma equipe permanentemente treinada, com uma comida saborosa e saudável oferecida a preço justo num ambiente limpo e familiar.

VALORES: acreditamos na conduta empresarial baseada em padrões éticos de integridade e transparência.

VISÃO: acreditamos no atendimento diferenciado e personalizado, consolidando-nos como uma empresa de qualidade, que tem como objetivo reter e permitir que cresçam os colaboradores, oferecer um preço justo aos clientes e manter a empresa profícua, provando ser possível ter uma operação em que todos possam se sentir vencedores.

FILOSOFIA DA EMPRESA: por ter conquistado, com muito trabalho, no decorrer desses 17 anos de existência, a sólida imagem de ser reconhecida como um dos melhores restaurantes por quilo do Rio de Janeiro, essa liderança nos inspira e trás como mote procurar fazer as coisas hoje melhor ainda do que fizemos no dia anterior.

Modelo de gestão de pessoas

A equipe de gestão do restaurante acredita no atendimento diferenciado e personalizado para consolidar-se como uma empresa de qualidade, tendo como objetivos reter os clientes e permitir que os funcionários participem ativamente da gestão. Pelo fato de a empresa não estar voltada para o crescimento por meio da abertura de novas filiais, o restaurante aproveita os funcionários como uma ferramenta de gestão de pessoas para manter a excelência em atendimento e qualidade dos serviços.

O restaurante sempre enfrentou os desafios, ao longo dos anos, para serem reconhecidos como o número 1 em gastronomia no Rio de Janeiro, seja no passado recente, no presente ou no futuro. "Nossas políticas de RH são comunicadas à equipe em reuniões semanais", afirma um dos proprietários.

Recrutamento e seleção

Quando é percebida a necessidade de trazer um novo colaborador para o quadro, mais uma vez os funcionários são ouvidos: "Normalmente o recrutamento é feito primeiro com uma comunicação verbal a todos da equipe sobre a necessidade da empresa. Vemos sempre se alguém tem um parente ou alguma pessoa para indicar. Quando não há alguém por esse meio, vamos ao tradicional anúncio em jornais, e hoje em dia, em *sites* de anúncios de emprego[, estamos] sempre colocando nossos diferenciais, que são os nossos benefícios", destaca um dos proprietários.

Mais adiante, conclui: "O restaurante incentiva o primeiro emprego [pela] [...] indicação de seus próprios colaboradores, que devido ao excelente ambiente proporcionado pela empresa, trazem seus irmãos, primos ou sobrinhos que ainda não trabalharam".

"Sugerimos a estes candidatos que busquem começar sua vida profissional em funções mais simples, para adquirir certa experiência profissional, e ter a chance de mostrar seu valor e seu potencial para, em seguida, aspirar a cargos de maior desafio".

Após a indicação, o candidato submete-se a uma ficha de solicitação de emprego, em que se avalia se ele possui uma segunda aptidão, quais seus critérios para concluir que uma empresa é boa, como se constrói um bom ambiente de trabalho, quais são fatores o levarão ao sucesso, se o candidato já conhecia a empresa e, finalmente, qual sonho o candidato propõe-se a realizar.

As entrevistas são realizadas em duas etapas, a primeira pelo preenchimento da solicitação e avaliação da gerência. A partir daí procuram-se levantar as informações fornecidas pelo candidato por ligações telefônicas para trabalhos anteriores. Após essa etapa, é feita uma entrevista pelos proprietários da casa. Aprovado por eles e tendo sido passado pelo exame médico, o candidato recebe em seu primeiro dia de trabalho um código de conduta para que conheça as regras de boa convivência com todos.

Programa de integração (ambientação) de novos empregados

Após receber o código de conduta, o novo colaborador é levado pela gerência para conhecer as instalações e ser apresentado a toda a equipe. Segundo um dos proprietários, o procedimento ocorre da seguinte forma: "Designamos um colaborador mais antigo, de preferência da mesma área, para que seja seu 'padrinho', procurando ajudá-lo a se entregar o mais rápido possível".

"Também para algumas áreas é ministrado treinamento semanal". Além da atividade básica para a qual o empregado é contratado, estimula-se um programa chamado "segunda aptidão", na qual se aprende algo novo relacionado ao nosso negócio, como fazer brigadeiros, doces e pratos diversos.

Remuneração e benefícios

Na empresa existem diversas formas de reconhecimento, sendo a principal o elogio e o agradecimento verbal, que de acordo com pesquisa interna foi eleito o item mais importante. É oferecida premiação em dinheiro para elogios vindos dos clientes e da gerência, sempre que algum colaborador se destaca. "Também premiamos as equipes de venda por produtividade e a Copa/Cozinha por economia nas utilidades (luz, gás e água), bem como premiamos os campeões de conformidades exigidas pela ANVISA, eleição e premiação dos funcionários do mês e agradecimento com foto e histórico em nosso Zine mensal, distribuído aos clientes".

A empresa também oferece para seus destaques, esporadicamente, prêmios como: viagens nacionais e internacionais, computadores, eletroeletrônicos, empréstimos subsidiados, premiação na data do aniversário, vale-fraldas e vale-casamento. Tal política proporciona uma rotatividade mínima de pessoal.

Qualidade de vida

A empresa, preocupada com a saúde de sua equipe, oferece alimentação saudável e balanceada. Os funcionários usufruem do mesmo cardápio oferecido aos clientes e contam com o apoio de nossa nutricionista para orientá-los em suas refeições. Anualmente, os colaboradores tomam vacinas antigripais e recebem remédios gratuitamente. O próprio plano de saúde oferecido tem aspecto preventivo, pois permite ao médico solicitar exames periódicos para monitorar e prevenir doenças comuns e de fácil controle.

Há um incentivo à prática de esportes por meio de patrocínio do time de futebol de nosso restaurante, que é formado principalmente pela equipe do salão e da cozinha.

O time participa de vários campeonatos envolvendo outros restaurantes. Para promover o bem-estar físico e emocional da equipe, há uma verba para incentivo cultural (teatro, cinema, museus, esportes, passeios turísticos), observando que a programação é feita pela própria equipe. É oferecido um programa de inclusão digital (oferecem computadores aos que ainda não possuem).

A empresa também já ofereceu cursos de culinária saudável para quem queria aprender a fazer um prato balanceado, pela escolha por quantidade e alimentos certos, de acordo com as necessidades de cada um. A perda natural do peso e o ganho da consciência nutricional foram alguns dos objetivos do curso, que tinham aulas teóricas e práticas.

Comunicação interna

Para inovar na gestão do restaurante e conquistar a fidelidade de seus clientes, o restaurante compartilha a gestão com seus 62 funcionários. Para isso foi criado um comitê que discute em reuniões quinzenais tudo o que acontece no restaurante. Os integrantes do comitê opinam sobre contratações e podem sugerir que alguém seja mandado embora por alguma falha grave. Por se tratar de uma empresa familiar, na qual os donos participam diariamente da gestão, a comunicação se torna mais fácil.

Também é utilizado um livro de Avisos e Ocorrências diárias em que todos participam com sugestões e recomendações. Além disso, há um quadro de avisos no qual todos podem ler comunicações relevantes.

Relacionamento com sindicato e terceiros

O restaurante possui um bom relacionamento com o sindicato da categoria. Por meio dele a empresa consegue cursos de especialização que mantêm atualizados os nossos colaboradores, além de termos completa assessoria jurídica, administrativa e fiscal, essenciais para o ramo de alimentação.

Comportamento frente a demissões

A empresa só demite o funcionário que tiver faltas seguidas não justificadas, baixa produtividade em suas funções ou fatos que desabonem sua conduta com outros colaboradores ou clientes. E indica os ex-funcionários para o banco de empregos do sindicato, procurando ajudar ao máximo o retorno deles ao mercado de trabalho. O restaurante mantém os benefícios aos funcionários demitidos durante o mês de sua demissão, para que ele possa terminar seu tratamento dentário ou exames médicos que esteja fazendo.

O funcionário, ao ser desligado, fica ciente dos motivos que levaram a empresa a tomar tal decisão: são esclarecidos os pontos fortes e fracos desse funcionário para que o mesmo possa corrigi-los em empregos posteriores. Há casos de ex-funcionários que foram readmitidos, levando-se em conta seu desempenho na empresa durante o período que nela trabalhou.

Ações de responsabilidade social

A empresa apoia há mais de 10 anos uma mini creche no Vidigal, com 57 crianças e um asilo com 48 pessoas idosas no Jardim Botânico. Os recursos disponibilizados pela empresa são utilizados para a reforma dos prédios, para a compra de mantimentos, agasalhos, utensílios e todas as atividades que envolvam melhorias.

Com o apoio do restaurante, 57 crianças têm uma alimentação saudável, que muitas vezes não têm em casa e ganham a oportunidade de ficar em um lugar agradável e com recursos, levando-se em conta que seus pais precisam trabalhar e não têm com quem deixá-las. Quanto ao asilo, os recursos disponibilizados pelo restaurante tornam a vida de 48 idosos mais agradável, pois muitos foram abandonados pela própria família. Eles ficam recompensados em saber que com a ajuda da empresa podem contar com o carinho das pessoas que tomam conta deles.

3. Conclusões

O sistema de cargos e salários deve estar de acordo com os princípios assumidos pela empresa e que se tornam compromissos assumidos entre empresas e trabalhadores. Esses compromissos envolvem uma série de direitos, deveres e consequências econômicas, legais, financeiras e principalmente sociais, daí residir aí uma das maiores preocupações em discutir e analisar a estrutura de cargos e salários, bem como buscar uma remuneração que reflita as responsabilidades de cada cargo e função e permitir a mobilidade sucessória com eficácia e justiça.

O sistema de cargos e salários necessita de um sistema de avaliação de desempenho, no sentido de identificar a situação atual, instigar mudanças e transformações internas, bem como facilitar a gestão interna. De forma geral, os sistemas de avaliação de desempenho possibilitam alinhar os objetivos, metas e propósitos organizacionais em relação ao seu público interno; identificam que treinamentos são necessários para capacitar e potencializar a atuação dos colaboradores internos; pode reduzir as incertezas devidas à subjetividade e parcialidade na seleção e valorização promocional analisando o desenvolvimento dos colaboradores internos; e enriquece o perfil desses colaboradores, proporcionando um norteamento, compromisso, motivação e produtividade individual e em grupo.

Para que tal processo se concretize, é necessária a criação e utilização de instrumentos de gestão que possibilitem uma visão transparente para ambas as partes – empregador e empregado.

As metodologias tradicionais de avaliação avaliam parcialmente o colaborador interno, sendo necessária a reflexão e a adoção de novas metodologias que avaliem o desenvolvimento e desempenho do colaborador interno a partir de competências comportamentais e profissionais. Longe de ter uma resposta definitiva, os sistemas de avaliação de desempenho evoluem de acordo com a necessidade das empresas em se diferenciarem em relação ao mercado e seus intrínsecos desafios.

Glossário – Unidade 2

Avaliação 180 graus – prevê a avaliação individual, bem como uma autoavaliação realizada pelo próprio avaliado.

Avaliação de desempenho empresarial – é uma técnica que procura avaliar o desempenho de trabalho de uma empresa, considerando os comportamentos técnicos profissionais, desempenho e performance.

Avaliação de desempenho individual – avaliação onde a chefia analisa o desempenho dos subordinados, numa reunião mais formal que deve utilizar o relatório com as metas e objetivos que foram prometidos e o que foi devidamente cumprido.

Avaliação matriz *nine box* – envolve o confronto entre a performance verificada *versus* o potencial do profissional.

Avaliação por competências – apregoa a análise entre os resultados obtidos e as competências adquiridas.

Plano de cargos e salários – plano que deve conter premissas e critérios referentes a cargos e salários, de forma orientar os envolvidos quanto às práticas vigentes, bem como das possibilidades de discussão e resolução de problemas que, porventura, possam ocorrer ao longo de sua gestão.

Políticas e normas de administração de cargos e salários – tem por objetivos principais identificar e descrever cargos, funções, salário, remuneração, capacitação profissional e o nível esperado de desempenho de seus colaboradores internos.

Política salarial – É o quadro de referências, parâmetros e critérios que servem como base para tomar decisões quanto aos valores a serem pagos aos empregados de uma empresa.

Remuneração – conjunto de retribuições recebidas habitualmente pelo empregado pela prestação de serviços, seja em dinheiro ou em utilidades provenientes do empregador ou de terceiros, mas decorrentes do contrato de trabalho, de modo a satisfazer suas necessidades básicas e de sua família.

Salário – totalidade das percepções econômicas dos trabalhadores, qualquer que seja a forma ou meio de pagamento, quer retribuam o trabalho efetivo, os períodos de interrupção do contrato e os descansos computáveis na jornada de trabalho.

Stakeholder (público estratégico) – compreende todos os envolvidos em um processo, que pode ser de caráter temporário (como um projeto) ou duradouro (como o negócio de uma empresa ou a missão de uma organização).

UNIDADE 3
PLANO DE CARREIRA INDIVIDUAL E CONDUTAS EMPREENDEDORAS

Capítulo 1 Plano de carreira individual, 89

Objetivos de aprendizagem, 89

O plano de carreira individual deve ser idealizado de forma integrada, 90

Planejamentos da carreira profissional e pessoal, 90

Qual é sua missão e visão pessoal? Qual é o seu valor?, 91

Como está o meu CHA?, 93

Você é um profissional realizador?, 95

Comunicação e negociação, 95

Elementos essenciais para a comunicação, 97

Recomendações para estabelecer uma boa comunicação, 98

Assertividade, 100

Tenha qualidade de vida, 101

Como está o seu estresse?, 102

O profissional como meio de mudança e de transformação, 104

Fatores endógenos e exógenos, 104

Tipos de carreira, 105

Gerações comportamentais, 107

A geração Y no Brasil, 108

Estratégias para profissionais, 114

Qual é o seu projeto de vida?, 118

Seja dono de seu próprio negócio, 120

Educação continuada, 122

Ameaças e oportunidades no contexto da gestão multicultural, 123

Capítulo 2 Significados de Carreira pelos Posicionamentos e Condutas Empreendedoras, 125

A dinâmica do processo de desenvolvimento sustentado, 125

Competências, posturas e atitudes valorizadas pelas empresas contemporâneas, 126

Empreender, criar e inovar: contribuições econômicas e sociais, 128

O ponto de vista corporativo: a evolução e os ciclos de vida das organizações, 128

O ponto de vista humano: a necessidade de se diferenciar e crescer, 128

E as inovações?, 129

E os aspectos criativos?, 129

Empreendedorismo, criatividade e inovação abertas, 131

Responsabilidade social, ética e ambiental como fatores de sustentabilidade de carreira nas empresas e de profissionais, 135

A ampliação da imagem da empresa por meio de seus públicos essenciais, não essenciais e redes de interferência, 137

Questões morais e éticas, 140

Resumo por tópicos, 142

Glossário Unidade 3, 143

1. Plano de carreira individual

Esta unidade procura discutir a importância do planejamento de carreira para o profissional, com o objetivo de torná-lo empregável. A partir de experiências observadas no âmbito do mercado de trabalho, ela procura discutir pontos que são considerados importantes e que possibilitam sua identificação e distinção no campo laboral. A unidade pretende discutir também as posturas pessoais e profissionais necessárias para as empresas contemporâneas e sua contribuição para a sociedade. Comportamentos, atitudes e conhecimentos pessoais traduzem o posicionamento estratégico de profissionais e empresas, de forma que a contribuição econômica e social da empresa se processe de forma natural. Aqui também discutiremos a importância dos diferentes papéis nos processos de mobilidade interna de profissionais, fortalecendo a atuação profissional frente a novos desafios pessoais e corporativos. Com o sucesso desse processo de planejamento de carreira individual, a empresa poderá criar e manter uma cultura organizacional sadia que possibilite a formação e retenção de colaboradores internos.

Objetivos de aprendizagem:

- Discutir, de forma mais detalhada, os objetivos e a temática do plano de carreira profissional individual, considerando suas expectativas e atrelando-o ao planejamento estratégico da empresa.

- Discutir o perfil do profissional atual a fim de compreender os desafios que as empresas estão enfrentando para atingir suas metas e objetivos empresariais.

- Conceituar e discutir o empreendedorismo, a **inovação** e a criatividade como pontos fundamentais a serem explorados no plano de carreira de empregados.

- Discutir o plano de carreira e de **sucessão**, contextualizado com a longevidade das empresas.

A formação acadêmica e o ingresso no mercado de trabalho se constituem no primeiro passo da carreira profissional. Após este período inicial, a empresa, o mercado e a carreira impulsionam a necessidade de atingir os resultados, por mais conhecimentos, experiências e realizações que sejam agregados ao seu desenvolvimento pessoal e profissional.

Se você já possui conhecimentos técnicos aprendidos na faculdade e na experiência em empresas até agora, torna-se necessário o aprofundamento desses conhecimentos e experiências, bem como a assimilação de novas metodologias, conhecimentos e ferramentas gerenciais que possam ser aplicados nos ambientes doméstico e internacional.

O plano de carreira individual deve ser idealizado de forma integrada

O plano de carreira individual deve ser formulado a partir da premissa de que estamos inseridos dentro de um ambiente de negócios e fazemos parte de um sistema de valores maior que esse ambiente. Para que nossa carreira profissional individual se consolide, independentemente de se pretender abrir um negócio próprio ou fazer parte de um negócio já existente, este planejamento deve ser formulado integrando-se no sistema, incorporando a estrutura e as **oportunidades** que este ambiente poderá gerar.

Dessa forma, esse ambiente de negócios já possui uma estrutura que possibilita a formação em ensino e a educação, o aprendizado profissional, a formação pessoal, interpessoal e profissional, sendo fontes de recursos diversos e tendo parceiros que podem ajudar a consolidar as fases de cada carreira.

Analisando de forma mais focada, as empresas podem fornecer uma série de recursos e insumos que possibilitam uma trajetória ascendente a toda carreira profissional. As empresas fornecem a experiência necessária para o bom desempenho de uma função e remunera a prestação desse serviço. As escolas podem ensinar os fundamentos teóricos ou mesmo tentar a contextualização prática no mercado de trabalho – por meio do estágio supervisionado, convênio com as empresas, empresa júnior –, e criar as habilidades e competências necessárias. Contudo, as empresas trazem contribuições significativas para o aprendizado profissional por meio dos relacionamentos interpessoais e profissionais. Procure aproveitar as oportunidades de estar trabalhando em uma empresa. Ela pode lhe fornecer a experiência necessária, mas você deve potencializar seus conteúdos. Uma das formas é a de formular um plano de desenvolvimento pessoal.

Planejamentos da carreira profissional e pessoal

As pessoas podem percorrer diferentes caminhos e trajetórias durante toda sua vida e não obter o sucesso desejado. Por vezes, esforços e investimentos são efetuados sem, contudo, propiciarem os resultados esperados. Existem muitas razões para que tal fato ocorra. Em muitos casos, não existe a percepção clara das reais potencialidades do profissional e os investimentos não são aqueles necessários para que o indivíduo tenha o crescimento esperado; por vezes, faltam recursos para promover as mudanças e transformações necessárias; faltam interesses e outras prioridades mais importantes, entre outros fatores, que contribuem para o adiamento de ações que aumentem o ritmo de crescimento da carreira.

A pressão competitiva contínua e a necessidade de crescimento constante levam as empresas a procurarem pessoas que tem a postura de autodesenvolvimento. Já foi o tempo em que as pessoas eram treinadas e subordinavam diretamente sua carreira profissional de acordo com os objetivos e as ações da empresa. Nos dias de hoje, é de responsabilidade mútua o desenvolvimento de carreira e pessoas que procuraram proativamente pelo seu autodesenvolvimento possuem certo destaque e preferência no mercado.

Qual é sua missão e visão pessoal? Qual é o seu valor?

Analogamente a uma empresa, todos devem identificar e perceber qual é sua missão pessoal e o que pode ser agregado ao sistema de valores. Algumas pessoas contribuem como professores para encetar o aprendizado de seus alunos; outros têm o dom de escrever artigos, livros e poesias; outros, de entreter e divertir; outros, na descoberta de oportunidades de negócios e assim por diante. O diagnóstico pessoal defendido na unidade anterior procura identificar pontos fortes e fracos que podem conduzir a descoberta de aptidões ainda não identificadas ou percebidas; o plano de desenvolvimento pessoal pode auxiliar no desenvolvimento de carreira.

Existe uma história contada em palestras de desenvolvimento de carreira que o surfista deve estar pronto e esperar a melhor onda para surfar. Essa história tem sentido se você considerar que o profissional deve aproveitar as oportunidades, mas e se elas não ocorrerem? Pensando dessa forma, é preciso criar oportunidades que visem à nossa evolução profissional. Por outro lado, devemos estar preparados para aproveitar melhor as oportunidades que porventura possam aparecer.

Essa história possibilita discutir outro termo importante, que é a vocação. Pode ser definida como uma predestinação de uma aptidão que a pessoa tem e que faz com ela realize uma atividade ou função de forma maior ágil e melhor do que os outros. Frequentemente, escutamos que a pessoa tem vocação ou talento natural para escrever, falar ou ser artista, por exemplo, pois ela consegue expressar melhor o que faz.

A vocação provém do indivíduo e geralmente se expressa no seu dia a dia, informalmente junto aos seus. Pela repetição, pode encontrar melhorias e a percepção de vocações naturais pode levar ao desejo de melhorá-las e procurar o autodesenvolvimento. É assim que acontece com profissionais da área de entretenimento, como atores, atrizes, comediantes, por exemplo.

A vocação pessoal é a base para um bom desenvolvimento profissional do indivíduo, desde que bem alinhada com os propósitos pessoais e a procura do aperfeiçoamento. Pode trazer contribuições significativas para a carreira do profissional, desde que haja uma relação direta com a atividade a ser desempenhada. Uma pessoa pode ter boa **comunicação**, ser alegre e extrovertida, sendo identificada essa vocação pela empresa no recrutamento e seleção, onde ela vai desempenhar atividades de atendimento ao cliente. Com a adesão da pessoa ao que faz, ela, com a empresa, vai procurar melhorar e poderá ascender profissionalmente para uma função de supervisão, por exemplo. Essa melhoria contínua pode ocorrer fazendo cursos e treinamentos que a deixariam mais capacitada a desenvolver as atividades para as quais tem aptidão.

Figura XXII – Oportunidades.

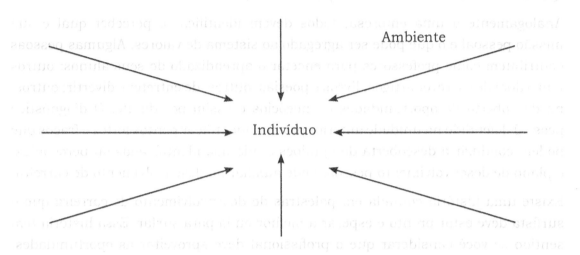

Fonte: O autor.

Pode-se considerar que as oportunidades fazem parte do ambiente onde as pessoas e empresas estão inseridas. Trata-se de forças incontroláveis que influenciam a posição estratégica dos envolvidos. Essas forças devem ser devidamente identificadas, reconhecidas e, principalmente, aproveitadas no sentido de atrair benefícios.

Para o aproveitamento das oportunidades, é importante que o indivíduo esteja devidamente preparado para tirar o melhor proveito possível das situações positivas. Esse preparo requer que ele tenha as condições relativas à formação requerida, bem como as competências necessárias para o bom desempenho das organizações. Como exemplo, podemos citar a abertura de uma vaga dentro de uma empresa, bem como a possibilidade de capacitação que requer um período de tempo mais longo fora do estado ou mesmo do país; na abertura de uma vaga, o candidato tem de ter as qualificações e conteúdos necessários para assumir a nova posição e responsabilidade; de outro lado, por questões até pessoais, o candidato não tem condições de se ausentar do local onde vive e do convívio com os familiares.

O desenvolvimento da carreira então é resultado de decisões e opções individuais que trazem consequências e impactos e que influenciam no andamento da carreira individual. As decisões assertivas conduzem a um processo de crescimento contínuo, em que, a cada posição conquistada, mais sólida se torna a carreira.

De forma complementar, temos as ameaças, que são forças ambientais que podem influenciar negativamente a carreira de um profissional ou a posição estratégica da empresa. Devem ser devidamente identificadas, reconhecidas e evitadas em tempo hábil. Como exemplo, o país pode ter um cenário de baixo crescimento econômico, favorecendo a diminuição do efetivo trabalhista nas empresas e ameaçando os empregos formais.

Por outro lado, ameaças podem ser transformadas em oportunidades ou mesmo ter sua intensidade negativa diminuída. Seguindo o cenário de baixo crescimento descrito anteriormente, o profissional pode potencializar seus conteúdos procurando o autodesenvolvimento por meios de cursos e treinamentos, por exemplo, que o conduziriam a um novo patamar de qualidade.

Como está o meu CHA?

Vimos anteriormente que as empresas contratam pessoas pela capacidade destas em gerar resultados. E esses resultados devem estar relacionados aos conteúdos particulares de cada profissional, ou seja, os talentos humanos devem ter a convergência de três fatores, cujas iniciais formam a sigla **CHA**:

- Conhecimento. É como o indivíduo interpreta o que é apreendido durante sua formação acadêmica e experiência profissional. É a capacidade dele em entender os conceitos e compreender como devem ser aplicados em diferentes situações. Não é somente pela formação acadêmica que se obtêm conhecimento: é também pelas experiências vividas e na capacidade de intepretação e análise de fatos e dados. Pessoas podem tocar magistralmente um instrumento musical, bem como efetuar a gestão de uma empresa, por exemplo.

- Habilidade. Está relacionada aos processos desempenhados pelas pessoas. É a capacidade do indivíduo em entender como se relacionam as partes de um todo. Pessoas podem ter habilidades manuais, que a possibilitam criar instrumentos musicais; elas precisa conhecer como funciona a área de produção de uma empresa, para compreender como esta se relaciona com outras áreas como o *marketing* e finanças, por exemplo.

- Atitude. Ela explicita como dois fatores serão utilizados em conjunto no nível pessoal e profissional. Trata-se do comportamento e do posicionamento que o profissional terá em determinada situação. Como exemplo, que atitude um gestor tomará em relação a seus colaboradores internos, frente a problemas referentes à necessidade de diminuição do efetivo interno?

Check-list 1: Pode-se resumir esta importante fase inicial do plano de carreira com as respostas às seguintes perguntas:

- Qual é minha missão pessoal? Que contribuições podem ser dadas, por mim, às empresas e à sociedade?
- Qual é minha vocação pessoal e profissional?
- Quais são os conhecimentos, habilidades e atitudes (CHA) que possuo e que tenho de desenvolver?
- Quais são meus pontos fortes e fracos?
- Quais são as oportunidades e ameaças com as quais me deparo agora?
- Qual é meu potencial aparente?

A partir desse diagnóstico inicial, é possível identificar as potencialidades e saber qual será o **foco**, que é importante para buscar e obter resultados no curto prazo. Ele consiste em estabelecer, a partir de suas habilidades e competências, onde o profissional deverá concentrar seus recursos e, principalmente, esforços, atenção e energia que movimentarão sua carreira. Essa concentração evitará a dispersão de recursos e esforços em outras atividades não relacionadas ao objeto principal.

O passo seguinte é a formulação de objetivos e metas que possam ser alcançados. Por vezes, pessoas têm sonhos que nem sempre podem ser concretizados. Um indivíduo, já na maturidade, pode ter o sonho de ser um médico de renome internacional, mas não tem nenhuma formação acadêmica e aptidões. Mesmo que inicie os estudos, não terá tempo suficiente para concretizar seu sonho. Entretanto, ele pode estabelecer outros objetivos e metas que possam satisfazê-lo, sendo alcançáveis dentro das limitações que o ambiente apresentar. Dessa forma, objetivos e metas devem ser passíveis de realização. As metas devem estar bem definidas, pois são elas que iniciam o movimento de ações.

A partir do foco e do movimento, o atingimento das metas e objetivos deve propiciar o crescimento natural da cadeia de eventos, fazendo que cada passo seja dado em direção ao futuro idealizado. Metas e objetivos devem ser formulados de forma a se integrarem e serem sequenciais, focando-se o esforço em uma etapa de cada vez – o alcance de uma meta pode pressupor algumas etapas ordenadas.

Deve-se estabelecer o prazo de cada meta a partir do horizonte delineado pelos objetivos. Com o estabelecimento de um cronograma, é possível programar recursos e dispor esforços que possibilitem otimizá-los, bem como potencializá-los. Essa gestão, comum nas empresas, também deve ser incorporada ao dia a dia das pessoas, programando assim o período, o nível e a intensidade de investimentos a serem realizados.

Você é um profissional realizador?

Inicie os movimentos e evite a procrastinação (protelação) crônica, que é uma situação frequente que incentiva adiamentos e pode trazer consequências como o estresse, a perda de competitividade e outros comportamentos negativos por não conseguir cumprir os compromissos e atuar com responsabilidade. A procrastinação consiste no constante adiar do que deve ser feito, na busca ilusória de segurança, de receio em relação ao novo e às mudanças.

O oposto deste termo é a realização, que pode ser definida como uma postura proativa que leva as pessoas a tomarem decisões e colocar em prática o que deve ser feito da forma e no tempo correto. A realização é uma postura bastante relacionada com a produtividade, a ser abordada posteriormente.

Uma postura otimista é sempre importante para a concretização das metas e objetivos. A ideia não é a de ter pensamentos positivos aleatórios, mas evitar preocupações que possam se tornar obstáculos e dificuldades para a concretização do sucesso. Mesmo a palavra preocupação não tem necessariamente sentido negativo: é uma "pré-ocupação" que você dispensa ao seu cérebro e que induz a uma série de reflexões sobre um fato que ainda não ocorreu, desperdiçando por vezes uma energia que poderia ser canalizada para a resolução de problemas do presente.

Comunicação e negociação

Da mesma forma que a empresa deve estabelecer um sistema de comunicação eficiente e eficaz, no sentido de se estabelecer um nível de atualização das informações no ambiente interno, as pessoas devem, também, ter a habilidade e competências necessárias para poder se expressar na empresa e no mercado de trabalho, de forma que seus argumentos sejam persuasivos.

A comunicação não pode ser somente um suporte para que o processo de transferência e assimilação de informações se concretize, ela deve ter a capacidade de influenciar a decisão de terceiros.

Então, comunicação e capacidade de negociação são competências diferentes, mas que se completam no sentido de contribuir para o crescimento profissional. Em outras palavras, este tipo de comunicação está focado nos resultados do negócio, mas deve-se considerar para sua eficiência o processo em que ela se dá e a forma envolvida nela.

Figura XXIII – Comunicação e negociação.

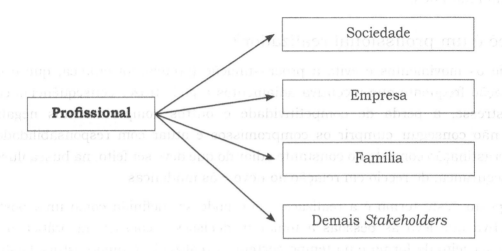

Fonte: O autor.

Pela figura, pode-se perceber que um dos objetivos da comunicação é facilitar o processo de socialização. Facilita a forma de troca de informações, construindo os conteúdos individuais que moldarão seus comportamentos futuros.

O processo de comunicação não funciona de forma única e unilateral. Ela pode acontecer em diferentes locais e ambientes, seja dentro da empresa, no convívio familiar, num encontro entre amigos, e deve gerar um retorno, o *feedback*, a ser devidamente monitorado.

A comunicação é uma ferramenta estratégica para o atingimento dos resultados. Envolve todos os componentes do ambiente de negócios e o grande desafio é que a mensagem seja adequada o suficiente para gerar o resultado esperado e que não existam **ruídos** durante o processo – ou eles sejam paulatinamente eliminados.

Um dos objetivos estratégicos dessa ferramenta é o compartilhamento de dados, informações, ideias, conhecimentos e até sentimentos mútuos, modificando a realidade em que as pessoas estão inseridas.

Ruídos são interferências que ocorrem no processo de comunicação e que podem modificar os objetivos da mensagem, visto que ela é entendida de maneira deturpada. Por isso toda mensagem deve ter um objetivo bem definido, e seu teor tem de estar claro e conciso. A clareza do falar e a consistência da redação são itens importantes para se evitar ou minimizar tais ruídos e servirão para transmitir bem o que for necessário.

Elementos essenciais para a comunicação

Para que o processo da comunicação se realize, é necessário que haja, pelo menos, três elementos: o **emissor**, **receptor** e o meio.

Figura XXIV – Ambiente e elementos básicos da comunicação.

Ambiente em que se realizam as trocas da comunicação.

Fonte: O autor.

Entretanto, somente a presença desses três elementos não é suficiente para que o processo se realize com sucesso. É necessário que ocorra a troca entre as partes envolvidas – emissor e receptor. Essa troca deve envolver um entendimento a partir de escritas, leituras, interpretações e conclusões.

Por outro lado, a mensagem não se restringe somente aos conteúdos escritos e falados, mas também na maneira como as pessoas expressam fisicamente suas argumentações, de forma a tornarem mais fortes as argumentações, a partir de um propósito definido.

Finalmente, os meios e veículos de comunicação possibilitam o processo comunicacional ou interferem nele. Para fazer com que a mensagem chegue até o receptor, é necessário que haja o veículo e o meio, que pode estar relacionado à própria pessoa (um comunicado oral), ou a outros, como o impresso, eletrônico ou mesmo o interativo.

A seleção dos veículos e meios influenciam os comportamentos e hábitos das pessoas. Esta seleção vai depender de quem pretende atingir, embora a ideia seja também a de condicionar o acesso e a frequência de contatos. Uma página numa rede social pode motivar as outras pessoas a frequentarem a página, desde que haja razões que as motivem, como atualização constante de conteúdos de sejam de interesse geral.

Recomendações para estabelecer uma boa comunicação

- Autenticidade. Ser autêntico significa ser óbvio e, ao mesmo tempo, distinto. Muitas vezes, procuramos dar uma roupagem mais complexa aos nossos argumentos que poderiam ser simplificados de forma a tornar o processo de comunicação mais rápida de ser assimilada. Não é literalmente falar o que pensa, mas pensar de forma simples o que será falado.

- Melhorar o vocabulário. Conversar significa utilizar palavras e termos fundamentados de forma a fazer sentido para aquele que está participando do processo de comunicação. O profissional pode melhorar esses conteúdos por meio de hábitos de leitura que possam possibilitar a incorporação de novos conteúdos. Essa leitura deve envolver uma variedade maior de assuntos, que envolvam desde os mais focados até os mais diversos, de forma a tornar a conversa uma troca de conteúdos ecléticos sem, contudo, cair no "generalismo". Por vezes, escuta-se que fulano não tem nada a dizer, o que pode significar que sua argumentação não foi convincente, por falta de consistência – neste caso, o que deveria ter sido dito de fulano é que ele não diz coisa com coisa. Esses hábitos de leitura são significativos, uma vez que influenciam, conforme citado em capítulos anteriores, a saúde mental dos profissionais.

- Faça-se entender. A comunicação é constituída por palavras e outros elementos que podem significar coisas diferentes, dependendo da forma e como é efetuada a comunicação. A partir de um objeto definido, é necessário identificar signos, ou seja, o significado a partir do objeto identificado. Esse significado é formado por códigos que representam as palavras e conteúdos, de forma que as partes possam interpretar e concluir a respeito deles. Para tornar mais fácil este entendimento, vamos imaginar que o governo pretende iniciar um processo de redução de consumo de água por parte da população. Para isso, pretende formular uma campanha de comunicação, que vise que a população se conscientize de que a água é um recurso natural não renovável e finito e cuja ausência pode trazer uma série de incômodos econômicos e sociais. Para tanto, o governo vai utilizar campanhas de conscientização em escolas públicas e privadas, bem como campanhas institucionais em televisão, revistas, jornais, rádio e redes sociais, com cada um dos veículos e meios tendo uma mensagem num formato diferente. Os conteúdos envolvem a importância da água em nossas vidas e a necessidade de utilizá-la de forma racional. Essa utilização racional levará a uma contribuição individual (até em razão da diminuição do valor da conta de água a ser paga pelo consumidor), bem como a possibilidade de ter a água disponível a todos. Palavras como "racionamento" induzem as pessoas a terem uma ideia de restrição, que pode ocasionar um clima político desfavorável, bem como induzir a ideia da ineficiência da máquina administrativa governamental.

- Esteja presente. O efeito da comunicação pode ser influenciado a partir da percepção da presença do emissor. Muitas vezes, o profissional participa de um grupo de pessoas, mas não o faz de forma frequente e entusiástica. A partir de uma necessidade situacional, a mensagem pode ser enviada e dar outra impressão ao receptor, da procura somente quando necessitar. Dessa forma, este estar presente pode significar de que você deve administrar seus grupos de relacionamento, de forma a tornar o processo de comunicação uma troca mútua. Pensando nas redes sociais, cada indivíduo vai ter a capacidade de atender de forma pontual um número limitado de participantes. Dessa forma, planejamento e bom senso caminham de forma integrada.

- Linguagem não verbal. Uma das formas importantes para dar reforço ao processo de comunicação se refere aos aspectos não verbais e, nesse caso, considerando a linguagem corporal. O corpo pode expressar uma série de reações e sentimentos de acordo com a forma de falar, olhar, gesticular e movimentar outras partes do corpo. Pessoas que desejam enaltecer determinado fato, podem utilizar as mãos para expressar sua grandiosidade, bem como atenuar o olhar para representar um fato triste.

- Administre o seu tempo. Muitas pessoas falam que estão muitas ocupadas quando convidadas a participar de um evento, bem como em entrevistas de emprego. Deve-se tomar cuidado para que essas afirmações não se tornem em algo negativo, dependendo da interpretação e situação. Pode indicar que a pessoa não tem foco e executa muitas tarefas ao mesmo tempo; por outro lado, pode indicar uma insegurança prévia, sento talvez a base para apresentar uma desculpa por conseguir atender ao que está sendo proposto. Muitas vezes, o que pode significar para o emissor – proatividade e dinamismo, por exemplo, pode ter sentido diferente ao receptor. Pense seriamente a respeito.

- Comunicação intercultural. Com a abertura de mercados, abre-se a oportunidade de realizar novas atividades e funções em empresas estrangeiras, dentro e fora do país. Dessa forma, entender que as pessoas de etnias diferentes têm características e percepções diferentes, pode criar ruídos e tornar o processo de comunicação falho em relação aos objetivos estratégicos. Além da necessária fluência no idioma do receptor, pessoas de outros países podem ter signos e códigos diferentes, cuja interpretação pode trazer resultados não esperados. Americanos são racionais e diretos, tendendo a obter resultados mais conclusivos, isto é, são voltados para a objetividade. Latinos podem carregar certa informalidade que pode ser interpretada de formas diferentes.

Tenha certeza de que o processo de comunicação se concretizou de fato. Procure sempre que possível fazer o *feedback*, que objetiva medir o quanto da mensagem foi realmente compreendida e como ela se converterá em ações.

Concluindo, a comunicação negocial é uma competência interpessoal, que deve ser aplicada no mercado de trabalho. Para que esta comunicação se processe e obtenha os resultados esperados, é necessário que o profissional tenha um perfil e conteúdos interessantes. Caso contrário, a comunicação pode se transformar numa verdadeira propaganda enganosa.

Assertividade

Identifique pessoas que você considera que tenham obtido sucesso profissional e pesquise que qualidades as conduziram a essa condição. Procure transformar essas qualidades em verbos e você terá uma pequena demonstração do que significa esse termo, que passou a ser sinônimo de competência interpessoal e profissional.

Por vezes, num processo de entrevista para a seleção de empregados, o entrevistador pergunta ao candidato se ele é assertivo, bem como solicita exemplos que comprovem tal competência. Geralmente os entrevistados respondem, mesmo sem conhecer tecnicamente o termo, dando exemplos de como obtiveram resultados em negócios e como se comportaram em determinada situação problemática.

Por outro lado, muitos afirmam ter sido assertivos, pois contaram com a sorte de ter evitado um trânsito intenso, pois perceberam de que algumas vias estariam congestionadas.

Figura XXV – Modelo de Assertividade.

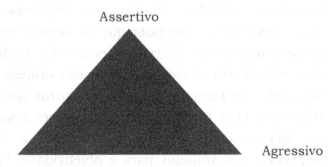

Fonte: Gillen (2001, p. 13).

Este subcapítulo não pretende definir de forma hermética o termo assertividade, que pode ser considerado o grupo de recursos cognitivos e comportamentais, inatos ou adquiridos, que permite à pessoa estabelecer-se social e profissionalmente sem violar os direitos de outras, mas dá suporte para que esta competência se concretize no dia a dia das pessoas. Conforme a figura anterior, pode-se perceber que esta competência está relacionado ao comportamento, o que nos faz vinculá-la diretamente a fatores humanos que representam como a pessoa é capaz de interpretar situações, passar por uma análise e processo cognitivo e tomar uma postura sobre o que considera ser a opção mais acertada.

Esses processos abrangem a maneira pela qual a visão de mundo do indivíduo foi construída a partir de suas experiências familiares, profissionais e sociais. Portanto, a assertividade é uma competência humana individual e sujeita a diferentes interpretações. Entretanto, pode-se concluir que a assertividade se processa a partir da visão de mundo particular e, portanto, está baseada em experiências anteriores, o que a diferencia da percepção exemplificada pelo caso da fuga do congestionamento.

Sendo uma competência humana, e passível de certa subjetividade, sua mensuração é bastante complexa, tendo geralmente um formulário de perguntas onde se mede o grau de assertividade por meio de respostas previamente categorizadas. Esses testes possibilitam uma ideia, mas não responde, de forma concreta, se realmente o indivíduo é assertivo, pois depende essencialmente das situações particulares que desafiaram o processo de decisão do indivíduo.

A assertividade, como comportamento humano, possibilita que direitos individuais sejam preservados, sem contudo ferir os de outras pessoas, garantindo a elas a importância e o devido respeito. Ter um comportamento assertivo não significa que o profissional obterá êxito em seus propósitos, mas garantirá que sua postura possa ser reconhecida por aqueles que compartilham suas decisões.

Tenha qualidade de vida

Mais e mais as empresas incorporam em seus programas de seleção perguntas sobre o estilo de vida de seus possíveis colaboradores, bem como os profissionais procuram formas de garantir e sustentar sua qualidade vida e de seus próximos.

A qualidade vida indica que deve existir um equilíbrio entre as prioridades pessoais e profissionais, de forma a garantir a qualidade do trabalho a ser realizado. Esse equilíbrio deve levar a um equacionamento das prioridades, de forma a atendê-las de forma equânime.

Tal qualidade de vida não pode ser obtida a partir de padrões preconcebidos como necessidade de saúde física, exercícios contínuos e momentos de lazer, pois ela difere de indivíduo para indivíduo e depende também das situações em que se apresentam. Pessoas podem ser acusadas de ter um comportamento *workaholic*, mas é possível que elas considerarem que sua qualidade de vida, naquele momento, representa o sucesso no trabalho. O que não pode ocorrer é que esse comportamento se transforme numa neurose e que haja arrependimento e frustração.

Como está o seu estresse?

Estresse é uma palavra bastante utilizada nos dias de hoje. A necessidade de as pessoas estarem em várias atividades ao mesmo tempo, as privações de fazer as coisas que gostariam de fazer, a ansiedade perante uma reunião importante podem ocasionar estresse.

O estresse pode ser definido como uma tensão, resultante de uma reação a uma situação difícil. Na evolução humana, essa tensão tem sido importante, no sentido de nos preparar para situações que podem ocorrer e para as quais necessitamos de uma reação rápida e apropriada. Em perigo eminente, como a presença de um predador, animais podem fugir para um lugar mais seguro. E aí é que reside o problema nos dias atuais.

Estados de estresse ocasionam a liberação de substâncias que nos informam e nos preparam para a ação. Essas substâncias devem ser eliminadas a partir de um esforço físico e/ou sensação positiva, como por exemplo, atividades esportivas. Em muitos casos, não existe essa eliminação, ocorrendo um desequilíbrio interno e causando desconforto fisiológico e até psicológico. Esse é o chamado estresse negativo. Comenta-se muito a necessidade da gestão do estresse, que visa administrar as tensões e as formas de corrigi-las, no sentido de eliminar ou atenuar seus impactos.

De forma em geral, as situações são neutras e sua importância é determinada por valores que cada pessoa associa a elas. Depende da capacidade individual das pessoas em lidar com essas situações e como as consideram ameaçadoras. Depende, também, da capacidade de reação perante as situações, mesmo que inusitadas, e que possam estar relacionadas com seu grau de segurança.

Uma das formas de atenuar o processo de estresse é apostar na saúde física e mental, já discutida anteriormente, e na qualidade de vida, discutida nesta unidade. O equilíbrio entre as partes, bons hábitos de sono, alimentação balanceada, atividades físicas e *hobbies* podem ser mecanismos que diminuem o grau de tensão negativa.

Outra forma de atenuar o estresse é por meio de sessões de *feedback*. Consistem em reunir frequentemente pessoas de confiança para externar suas opiniões, frustações e satisfações. Essas conversas podem servir como uma espécie de desabafo, na qual a pessoa poderá ter uma sensação de alívio ao externar suas opiniões a terceiros, bem como obter opiniões, sugestões e recomendações sobre as questões e os problemas apresentados.

Por vezes, alguns problemas são menores do que aparentam ser, devido ao grau de importância que a pessoa atribui a eles. Por outro lado, nem sempre o problema apresentado está bem contextualizado sob o ponto de vista individual, mas que, em grupo, pode ganhar uma dimensão mais ampla e detalhada. Pelo seu caráter individual e restrito, pode ser que a pessoa não consiga identificar as soluções, que muitas vezes são óbvias.

Essas sessões geralmente causam o *eutress*, que é uma sensação similar a que você tem quando participa de uma reunião entre queridos amigos e familiares, se diverte no cinema ou mesmo em atividades esportivas.

Check list 2: Pode-se resumir esta nova fase do plano de carreira com as respostas às seguintes perguntas:

- Você tem perfil realizador?

- Como você administra seu *eutress* e estresse?

- Como está seu nível de comunicação negocial?

- Como está seu nível de assertividade?

- Você tem a qualidade de vida que deseja?

O profissional como meio de mudança e de transformação

Faça diferença. Geralmente o que se espera de um empregado está descrito em cargos e salários, pertencente à estrutura organizacional. O profissional deve ter a capacidade de interferir na cadeia de eventos. De nada adianta o profissional ser mais um no mercado de trabalho ou mesmo dentro de uma empresa. Ele deve ter a capacidade de agregar algo a mais ao sistema de valores de uma empresa, fazendo a diferença.

Não é possível ter sucesso no plano de carreira sem colocar em prática os ensinamentos deste livro, bem como não é possível ganhar um jogo sem jogar. O profissional deve iniciar um movimento contínuo a partir de desafios.

Para enfrentar esses desafios, é preciso encontrar referenciais estáveis como objetivos de vida e uma bandeira a defender, de forma que haja a busca contínua pela perfeição e excelência pessoal e profissional. Esses agentes motivadores podem vir do ambiente externo, bem como do próprio indivíduo.

Fatores endógenos e exógenos

Este indivíduo é influenciado por fatores endógenos e fatores exógenos. Fatores endógenos se referem ao ser humano, como este se obtém a automotivação que o impulsiona a agir de forma proativa. Esses fatores podem estar relacionados à ambição e necessidade de poder, conforme discutido a seguir:

- Ambição. Não é um termo negativo, mas sim trata-se de como satisfazer alguma necessidade pessoal. Pessoas ambiciosas são aqueles que têm necessidades especificas e que pretendem atingi-las, independentemente do custo ou dificuldades. Geralmente tratam como verdadeiros objetivos. Temos como exemplos a ascensão profissional, a busca pelo dinheiro, sucesso e poder. Em síntese, todas as pessoas são ambiciosas: o que muda é o grau de intensidade e como ela se manifesta e influencia os comportamentos.

- Poder. Refere-se a um tipo de ambição e está relacionada a uma pessoa que exerce autoridade e influência sobre os outros, no sentido de obter algum tipo de benefício. O poder faz parte da história da humanidade e, portanto, das empresas e não pode ser considerado como algo negativo, desde que tenha sido conquistado a partir da anuência dos envolvidos e seja aplicado de forma natural, como um processo de evolução natural de responsabilidades e influências e não pelo exercício do caráter coercitivo. Poder legítimo está relacionado ao *status* do cargo que o profissional e a autoridade legítima se refere ao reconhecimento dos subordinados da liderança de quem detêm o poder. A situação mais adequada é quando a liderança é conquistada com a autoridade e poder legítimos.

Fatores exógenos se referem às influências externas que pressionam o indivíduo a agir para atender às expectativas de terceiros, quando geralmente representam a parte mais interessada, por questões econômicas e financeiras. Por parte da empresa, podem estar relacionados ao plano de carreiras e respectivas formas de valorização, a partir das políticas de cargos e salários, bem como das pressões da sociedade e das necessidades familiares.

Esses dois fatores – endógenos e exógenos –, se conjugados de forma sinérgica, alavancam a carreira profissional, de forma que existe um alinhamento entre empregador, empregado e objetivos convergentes.

Dessa discussão sobre ambição e poder, pode-se discutir dois conceitos importantes que estão relacionados à gestão de equipes:

- *Empowerment.* É a capacidade do indivíduo em delegar poderes a terceiros, descentralizando o poder, de forma a tornar mais ágil a empresa e a realização das respectivas ações. Existe a necessidade de maturidade profissional para que esse processo de compartilhamento ocorra de forma natural e profissional. As estruturas de empresas, em especial a matricial, ajudam na concretização desse processo.

- **Employeeship.** É a capacidade do indivíduo em receber as novas funções e responsabilidades, no sentido de contribuir para descentralização do processo decisório, de forma a tornar as ações e atividades mais integradas.

Tipos de carreira

De acordo com suas características e atividades a serem realizadas, as carreiras em empresas podem ser categorizadas da seguinte forma:

- Carreiras operacionais. Geralmente relacionadas às atividades fins da empresa, há a contratação do trabalhador sem a necessidade de formação mais profunda e experiência, pois as carreiras estão relacionadas a processos operacionais.

- Carreiras profissionais. Referem-se a atividades específicas, exigindo formação acadêmica e/ou formação técnica, dependendo dos processos e das exigências de cada empresa.

- Carreiras gerenciais. Referem-se às atividades de gestão e administração, consequência natural das carreiras operacionais e/ou profissionais, cujas vocações foram devidamente identificadas e reconhecidas.

Existe um tempo hábil para que o plano de carreira se concretize dentro das categorizações apresentadas e um dos grandes desafios é conciliar as etapas de desenvolvimento do profissional na empresa com o plano de carreira individual, sob o risco de criar frustrações e desmotivar os participantes.

Para acompanhar de forma efetiva a evolução da carreira profissional dentro de uma empresa, é necessário que haja o aparecimento de oportunidades, da mesma forma como é possível que os candidatos tenham de atender às exigências e critérios de ocupação do cargo. Existem os seguintes padrões de evolução de carreiras:

- Carreira linear. É aquela em que o profissional desenvolve sua carreira a partir de uma escolha inicial e formula um plano para que tal desenvolvimento ocorra. Neste tipo de carreira, devido ao longo prazo envolvido, o profissional deve tomar o devido cuidado de monitorar constantemente o ambiente de negócios e as possibilidades reais de ascensão profissional.

- Carreira estável. É aquela em que o colaborador permanece na empresa e sua maior preocupação é a segurança do emprego. Pode fazer parte de empresas públicas, que geralmente apresentam um sistema de contratação – concurso público – que favorece tal postura.

- Carreira espiral. É aquela em que o profissional possui motivações que impulsionam seu desejo de crescimento pessoal, aumentando a dedicação e desempenho; a partir da conquista de um novo patamar, ele parte para enfrentar desafios ainda maiores.

- Carreira transitória. É a que o trabalhador troca de emprego aleatoriamente, sem qualquer padrão ou planejamento, sem a determinação de um foco específico. Essas pessoas podem não ter interesse em obrigações de relacionamentos, bem como na busca de maior remuneração ou mesmo insatisfação com a empresa ou atividades desempenhadas.

Como pontos a serem considerados sobre os padrões de carreira, sua adesão depende do ciclo de vida profissional e da geração a qual pertence o profissional. Depende da sua fase (início de carreira, carreira em evolução, maturidade e estagnação). Em relação à sua idade, pode haver uma acomodação ou necessidade de crescimento profissional maior.

Também é percebível que a adesão aos padrões de carreira está relacionada com as fases de gerações comportamentais, como os *baby boomers* e as gerações X e Y. Conforme depoimentos de grandes empresas e de estudos realizados por entidades de classe e pesquisadores, a geração Y tem como comportamento um comprometimento menor com o sistema de carreira linear, procurando resultados mais tangíveis em menos tempo e em empresas diferentes.

Gerações comportamentais

No período pós-Segunda Guerra Mundial, as economias nacionais foram reabastecidas pelo retorno de seus recursos econômicos e financeiros, que resultaram num crescimento vegetativo expressivo, denominado *baby boom,* que gerou uma grande quantidade de novos consumidores. As empresas tiveram que adequar seus parques produtivos bem como suas estratégias, a fim de atender às demandas e criar novos produtos e serviços. Essa geração nasceu num contexto em que tudo poderia ser desenvolvido, pelo simples fato de que o mundo estava carente de novos produtos e serviços. Foi, sem dúvida, um dos períodos mais férteis do ponto de vista econômico.

Os filhos da geração *baby boomers* nasceram dentro de outra realidade. A chamada geração X cresceu no meio de tentativas de processos de mudança, como reengenharia, *rightsizing* e *downsizing*, por exemplo. Os mercados estavam estabilizando ou recuando em suas demandas, fazendo com que as empresas tivessem de esquecer seus planos de crescimento baseados em anos anteriores. Se os *baby boomers* eram contestadores e inovadores, os integrantes da geração X tinham uma visão mais sólida e crítica sobre o mundo e o trabalho, sendo mais conservadores.

Na atualidade, boa parte do quadro de colaboradores das empresas é composta por talentos que fazem parte tanto da geração X quanto de *baby boomers* – muitos deles exercendo cargos de chefia – e da geração Y, filhos da X, que nasceu num contexto bastante diverso do que a anterior.

A geração Y – ou geração digital – é caracterizada por indivíduos que cresceram mergulhados em tecnologia, sem a participação direta dos pais em seu desenvolvimento, e que, muitas vezes, não possuem senso de hierarquia; não raro têm uma grande visão de curto prazo em decorrência até da facilidade ao acesso de informações. Além disso, são reconhecidos por fazerem várias atividades ao mesmo tempo.

Delineou-se, dessa forma, a seguinte situação: os *baby boomers* nasceram no período de 1946 a 1964, marcado pelo encerramento da Segunda Guerra Mundial e o final do crescimento vegetativo. Já a geração X compreende os indivíduos nascidos entre 1965 e 1983, enquanto a geração Y corresponde às pessoas nascidas a partir de 1984. Portanto, os indivíduos da geração Y têm até aproximadamente 30 anos de idade. Se nas duas primeiras gerações havia a possibilidade de uma previsibilidade de comportamento e ações, a atual, Y, tem como característica um pensamento policrômico de curto prazo, o que impossibilita uma previsão comportamental dentro de um pensamento de longo prazo.

Quadro XIV – Diferenças entra as gerações.

	Tradicionais	Baby-boomers	Geração X	Geração Y
Ano de nascimento	Até 1945	1946-1964	1965-1983	A partir de 1984
Perspectiva	Prática	Otimista	Cética	Esperançosa
Ética profissional	Dedicados	Focados	Equilibrados	Decididos
Postura diante da autoridade	Respeito	Amor/ódio	Desinteresse	Cortesia
Liderança por...	Hierarquia	Consenso	Competência	Coletivismo
Espírito de ...	Sacrifício	Automotivação	Anticompromisso	Inclusão

Fonte: HSM Management Update (2008).

A globalização acelerou o processo de expansão das empresas, e ocorreu, assim, a necessidade de aumento também de mão de obra mais qualificada. Como observou Dickens (2007, p. 589), houve a necessidade de se "ser sensível à imensa diversidade existente, ao mundo como um mosaico de pessoas que merecem, igualmente, uma vida boa".

A geração Y no Brasil

O Brasil não difere muito do restante do mundo, no que se refere à nova geração de consumidores. Nos últimos anos, tem aumentado gradativamente a entrada de capital estrangeiro e, consequentemente, a migração de empresas, com a necessidade de profissionais mais globalizados. Os fatores que podem influenciar na moldagem desses profissionais residem em variáveis culturais, principalmente, como aliás, observam Cavusgil, Knight e Riesenberger (2010). Nunes, Vasconcelos e Jaussaud (2008, p. 55), por sua vez, complementam que "cultura pode ser entendida como um conjunto de representações em cujos contextos e eventos, ações, objetos, expressões e situações particulares ganham significados... são os padrões de significação que conferem sentido à interação humana".

Não temos análises que conduzam diretamente a uma modelagem a partir de fatores econômicos, mas percebem-se grandes indicadores culturais quando comparamos os mesmos consumidores em relação aos diferentes países.

Para uma análise mais focada, podemos classificar a população conforme seu comportamento. Sob a ótica da conveniência, valor do tempo, lógica, ordem e eficiência, as sociedades também podem ser classificadas em:

- Orientação social monocrômica. Nas sociedades com essa orientação, as culturas possuem e seguem um raciocínio lógico e dentro de uma ótica regular de pensamento. Em alguns países europeus, como Portugal, a existência e orientação por filas é frequente e faz parte de um processo incorporado pela sociedade, em que procedimentos são formatados para atender esse propósito, e

- Orientação social policrômica. Em sociedades com essa orientação, os determinantes maiores se referem ao coletivo e ao valor do tempo. Países como a Itália e os Estados Unidos da América possuem esta característica distinta, onde há necessidade de sinergia, mesmo sem existir nenhum valor aparente.

É possível afirmar que foco e relações hierárquicas são características mais intimamente relacionadas às populações que possuem uma orientação monocrômica do que às de orientação policrômica. Enquanto os norte-americanos possuem características mais abertas, os europeus são mais controlados, portanto têm maior hierarquização natural.

O Brasil passou por diferentes movimentos políticos, éticos e até econômicos que fizeram com que não existisse mais uma necessidade forte relacionada à hierarquia. Tal afirmação tem como contextualização a ausência maior dos laços familiares, bem como a falta de ética e **moral** dos próprios pais nos últimos anos, o que gerou consequências nas relações em sala de aula, por exemplo, bem como nas empresas, como relatado no estudo de caso trazido neste capítulo.

Isso posto, o profissional de recursos deve entender a importância dos fatores e dos modelos mentais de cada população, seja em nível geral ou empresarial. Tais modelos podem ser construídos a partir das diferentes percepções individuais e que podem servir como barreiras ou porteiras de entrada. A empresa deverá entrar, identificar, revisar, substituir ou fortalecer os modelos para o perfeito comprometimento da organização ou do negócio. Exemplos:

No ambiente doméstico – Uma multinacional financeira europeia atuando no Brasil resolveu introduzir o conceito dos *yuppies* (*Young People in a Professional Job With a High Income*). Todavia, o termo em questão, aqui, diferentemente dos EUA, foi utilizado para conceituar jovens profissionais recém-formados, com determinadas características, tais como inglês fluente e provenientes de universidades de primeira linha, que seriam treinados e inseridos posteriormente na organização, como subgerentes de área. O grande problema é que o Programa de Jovens Profissionais foi criado no sentido de obtenção de mão de obra de baixo custo, em detrimento de profissionais de carreira com grande tempo de casa. Obteve preliminarmente grande resistência do seu quadro atual de funcionários, perdendo vários talentos e posteriormente negócios e lucratividade. Posteriormente, por vários motivos, desistiu do programa.

Levando-se agora em consideração o ambiente interno, deve-se frisar que o Brasil está passando por mudanças estruturais significativas. Anteriormente, o formato clássico da distribuição por classes sociais era similar ao de uma pirâmide perfeita. Em dados publicados em 2011, a estrutura já se assemelha a um hexágono, devido à grande migração das classes menos favorecidas para a classe C, considerada como a classe média.

O país passou a ter dificuldade para atender a essa nova demanda em consequência de seu vertiginoso crescimento, e por isso foi obrigado a aumentar a pauta de importações. Na verdade, as empresas estão encontrando também grande dificuldade para contratar mão de obra qualificada para atender às diferentes demandas numa estrutura heterogênea intersetorial. Dados do governo indicam crescimento na geração de empregos, porém boa parte destas novas vagas de trabalho está em atividades de baixo valor agregado, para as quais não se exige mão de obra qualificada. Com esses problemas agravados pelo custo Brasil, só tem restado às empresas recorrer às importações de produtos manufaturados e semimanufaturados, em detrimento de investimentos em infraestrutura própria, treinamento e qualificação.

Muitos empresários resistem a aumentar o nível de investimento na própria empresa, porque entendem que a situação é decorrente da falta de políticas públicas claras e que essa remodelagem social é algo que sofrerá uma acomodação nos próximos anos. De outro lado, sabem que aumentar seu parque industrial ou até melhorá-lo trará impactos tributários e não tributários, decorrentes dos altos custos do Brasil. E a possibilidade de treinar mão de obra pode gerar perdas em virtude do *turnover* elevado.

Neste contexto, a análise pode ser efetuada em dois níveis: o estrutural e o situacional. O primeiro se refere à própria estrutura do país, sua remodelagem econômica e social e as políticas do governo, refletindo nas estratégias das empresas, ou seja, tem relação com o logo prazo. As questões situacionais se referem a fatos que não se repetem e são únicos, como a Copa do Mundo no país. Para dar maior consistência ao trabalho, a análise deste capítulo retratará as questões estruturais relacionadas à geração Y.

Quadro XV – Expectativas de empresas e da geração Y.

O que as empresas esperam	Expectativas da geração Y
Experiência. A moeda de troca entre o colaborador e a empresa é a experiência – e a aplicação desta no processo decisório. O tempo de permanência nas empresas deve ser grande.	Vontade de crescer rapidamente. A moeda de troca é a formação acadêmica, vivência em diferentes países e culturas. O tempo de trabalho em empresas é proporcionalmente menor do que o das gerações anteriores.
Fidelidade. Os colaboradores aspiram a relacionamentos de longo prazo junto à mesma empresa. Identificam valores e atitudes a partir da missão e visão da empresa.	Sem fidelidade. Necessitam de crescimento rápido e posição de destaque, além de alta remuneração no trabalho, sem necessariamente ser na mesma empresa.
Longo prazo. Objetivam o crescimento profissional, horizontal e vertical, galgando postos de trabalho via promoção, a partir de habilidades e competências adquiridas.	Curto prazo. Objetivam a evolução vertical via promoção, a partir de resultados a serem atingidos.
Pensamento sistêmico. Orientação linear e submetida às ferramentas de gestão e planejamento.	Pensamento fragmentado. Orientação policrômica.
Trabalho em grupo. As atividades são recomendadas em grupo, no sentido de obter sinergia com a equipe.	Individual. Embora haja influência da empresa em atividades em grupo, por vezes existe a intenção da prova de resultados individuais.
Retorno no curto prazo. Os colaboradores desejam o feedback de suas ações e resultados o mais breve possível, dentro de um cronograma.	Retorno imediato. Os colaboradores desejam o feedback num prazo menor.
Hierarquia. Existe um organograma a ser respeitado e uma hierarquização de responsabilidades.	Não hierarquia. Mesmo com um organograma definido, não existe a percepção da necessidade de atender à hierarquização de forma muito rígida.
Foco. Embora se apregoe desde a década de 1980 o perfil técnico mais generalista, existe a postura de um foco nas ações e atividades.	Multifoco. Os colaboradores conseguem desenvolver várias atividades ao mesmo tempo, sem, contudo, obter o foco necessário.
Eclético. A despeito do foco, a formação pode ser variada, dando um ecletismo maior.	Técnico. Os colaboradores apregoam o nível técnico que possuem.

Nota: Elaborado pelo autor.

Os *baby boomers* e a geração X, que atualmente exercem, na sua grande maioria, atividades de liderança nas organizações, são capazes de atingir resultados por meio de uma relação mais orgânica com a empresa, em processos e normas preestabelecidas, colocando muito de sua experiência profissional e de vida. Em contraponto, a atual geração, a Y, tem trazido um dinamismo e até criatividade, muitas vezes com respostas mais rápidas. Algumas das grandes polêmicas que gera, todavia, são a condução orgânica, a quebra de paradigmas dentro do processo decisório e a forma de condução de negócios.

Segundo o jornal *O Estado de S. Paulo* (Gama, 2010), a *Pew Research Center* realizou pesquisa com uma amostra a partir do universo de 50 milhões de jovens, concluindo que a geração Y é a primeira totalmente digital, com 75% "linkados" a redes sociais, em detrimento dos 50% da geração X.

Segundo a mesma pesquisa, o *turnover* é mais elevado entre os jovens, em relação às gerações anteriores. Na época da pesquisa, 10% dos entrevistados da geração Y estavam recém-desempregados, em detrimento dos 6% da geração anterior. Segundo outra reportagem do mesmo jornal (Gama, 2010), um quinto dos integrantes da geração Y já ocupa cargos de chefia, segundo pesquisa da *Hay Group*, que envolve 5,5 mil entrevistados nascidos a partir da década de 1980.

Quadro XVI – Comportamento da geração Y.

Verdades	Mitos
Tem pressa em subir na carreira. Todavia, apenas 18% ocupam cargos de gestão.	São infiéis. Na verdade, 63% querem permanecer no atual emprego por cinco ou mais anos, apenas 5% pretendem sair em um ano.
Apreciam o diálogo aberto. 74% afirmam ter boa relação com a chefia.	Não vale a pena investir neles. Entretanto, para 93%, quanto mais a empresa investe em sua formação, mais desejam continuar no emprego.
Escolhem onde trabalhar de acordo com os valores da empresa. 71% dizem que os valores da empresa estão alinhados aos seus próprios valores pessoais.	São insubordinados e difíceis de liderar. 75% confiam no seu superior.

Nota: Gama (2010).

Percebe-se certa divergência entre o resultado acima e o Quadro III, que traz as opiniões dos entrevistados para este trabalho. Os quadros devem ser analisados comparativamente, de forma contextualizada, pois a partir da década de 2000, a mão de obra relacionada à liderança passou a ser gradativamente substituída pela nova geração.

Outro ponto importante é o tempo de permanência do profissional na empresa, na qual obteve, por meio de um plano de carreira e consequentemente tempo, experiência e maturidade, o cargo de chefia.

As diferenças entre as gerações, em especial entre a X e Y, aparecem de forma mais pontual nas relações de trabalho e ensino, gerando dificuldades e conflitos entre as partes, a partir das diferenças apresentadas no Quadro II. Se, por um lado, a área de Gestão de Pessoas tem tentado refletir sobre o assunto e buscado soluções, o mesmo não se pode afirmar da mão de obra interna e da entrante, que deixa sob a responsabilidade da empresa e respectiva área de gestão a identificação e manutenção institucional por meio de ferramentas e instrumentos específicos.

Um bom exemplo desta situação se reflete na área de comércio exterior. O Brasil tem um histórico recente na área de negócios internacionais, envolvendo um pouco mais de duas décadas. Porém, possui profissionais com grande experiência na área, que passaram por diferentes vivências as quais moldaram seu perfil de forma operacional, técnica e comercial. Entretanto, o ambiente atual das operações internacionais está na área tecnológica, onde houve uma tentativa de padronização e massificação. Se, por um lado, as empresas devem ter em seu quadro de colaboradores profissionais mais maduros e responsáveis, o setor vive hoje certo conflito, pois os novos entrantes não têm a qualificação técnica e comercial necessária e nem o pensamento de longo prazo, exigência para quem atua no mercado externo, que requer compromissos e relacionamentos de longo prazo.

O grande dilema que o país vive neste momento, portanto, é que não existe mão de obra qualificada suficiente para atender às diferentes demandas e é quase uma utopia a importação de profissionais, como acontece com os produtos.

Segue um pequeno estudo de caso elaborado pelo autor deste livro. Ele foi compilado a partir de um encontro com um CEO e um grupo de empresários de diferentes áreas, inclusive da área de educação. Por razões éticas, desconsidera-se neste estudo de caso o nome da empresa e do vice-presidente. Entretanto, trata-se de empresa multinacional atuante em dezenas de mercados no mundo e com grande participação no Brasil. Uma das questões apresentadas pelo executivo da empresa é que boa parte dela é gerida por funcionários de carreira, categorizados como *baby boomers* e da geração X.

Em decorrência da mudança demográfica e psicográfica dos últimos anos, a empresa tem reconhecido a necessidade de agregar cada vez mais colaboradores internos da geração Y. Entretanto, tem obtido grande dificuldade para identificar, analisar, captar e manter os colaboradores deste segmento específico – mas crescente no mercado internacional e doméstico. Suas práticas de seleção têm demonstrado que os colaboradores apresentam grande vitalidade, conhecimentos teóricos e vontade de progredir. Mas, depois de contratados, entretanto, demonstram um pensamento e orientação de curto prazo, em que não existe relação direta entre a vontade de progredir e o tempo necessário de maturação para que o indivíduo se torne peça-chave na engrenagem da empresa. Por outro lado, os colaboradores da geração X têm demonstrado aderência dentro do plano de carreira e, por vezes, os choques são inevitáveis.

A grande questão que foi lançada: a gradual e justificada substituição dos profissionais da geração X pelos da Y. Entretanto, grande parte dos contratados atualmente tem permanecido pouco tempo na organização, seja por razões demissionais da empresa por comportamento inapropriado, seja em razão da percepção desses colaboradores da relação de tempo e resultados no desenvolvimento de sua carreira individual. O grande problema é que tal situação não é regional e está sendo repetida em diferentes países, com intensidades diferentes, mas frequentes.

A partir desta situação, o que a empresa poderia fazer para garantir sua sustentabilidade como organização e manter seus colaboradores internos? Que ações de curto, médio e longo prazo deverão desenvolver para manter sua estrutura em funcionamento? Qual a parte mais forte: a empresa ou seus recursos humanos?

Estratégias para profissionais

De acordo com os objetivos de carreira profissional, existem determinadas estratégias que visam adequar a decisão a ser tomada com as devidas ações a serem realizadas.

Quadro XVII – Estratégias em situações específicas.

Estratégia de carreira	Dentro da empresa e dentro da função	Dentro da empresa e fora da função	Dentro da empresa e fora da função	Fora da empresa e fora da função
Crescimento	Desenvolver as habilidades atuais. Desenvolver habilidades na ocupação. Preparar-se para maiores responsabilidades. Prepara-se para subordinar outras pessoas.	Atuar em nova função. Desenvolver habilidades na nova função.	Movimentar-se na empresa, dentro da mesma função.	Desenvolver as habilidades e conhecimentos existentes para uso em uma nova função e em nova empresa.

Estratégia de carreira	Estratégias em situações específicas			
	Dentro da empresa e dentro da função	Dentro da empresa e fora da função	Dentro da empresa e fora da função	Fora da empresa e fora da função
Desaceleração	Movimentar-se para um trabalho de menor responsabilidade, dentro da mesma empresa.	Movimentar-se para uma posição de menor responsabilidade em outra função, mas dentro da mesma empresa.	Movimentar-se para uma posição de menor responsabilidade, em outra empresa.	Sair da função e da empresa. Buscar satisfação de lazer e em hobbies. Preparar-se para uma nova função.
Diversificação	Agregar atividades e responsabilidades mais promissoras dentro da mesma função, incrementando a atenção sobre uma nova área de trabalho.	Agregar uma linha de trabalho mais promissora dentro da empresa com características diferentes da atual função.	Movimentar-se para uma empresa mais promissora, dentro da mesma função.	Agregar novas linhas de trabalho, em uma empresa mais promissora.
Integração	Agregar uma área promissora dentro da atual função, preferencialmente em uma área com a qual já tenha trabalhado anteriormente.	Agregar uma linha de trabalho correlacionada à atual, dentro da empresa onde já trabalha.	Movimentar-se para uma nova empresa que esteja relacionada com a atual (fornecedores, distribuidores, clientes, etc.)	Agregar uma função correlacionada com a atual, em uma empresa ligada à atual.
Revisão	Desacelerar a atividade atual. Preparar-se para o desenvolvimento de uma nova estratégia: diversificação, integração, etc.	Desacelerar a carreira, movendo-se para fora da função atual. Preparar-se para uma nova estratégia de carreira.	Desacelerar a carreira, movendo-se para fora da empresa. Preparar-se para uma nova estratégia de carreira.	Desenvolver novas habilidades para entrada em uma nova função. Crescer na nova função.
Combinação	Aplicar duas ou mais estratégias ao mesmo tempo.	Aplicar duas ou mais estratégias ao mesmo tempo.	Aplicar duas ou mais estratégias ao mesmo tempo.	Aplicar duas ou mais estratégias ao mesmo tempo.

Fonte: Oliveira (2013, p. 159-160).

Por meio dos processos de avaliação e *feedback*, é possível que tanto empresa como empregado tenham uma noção das situações futuras relacionadas à carreira. Se as estratégias estiverem diretamente relacionadas ao desenvolvimento de carreira na mesma empresa, as estratégias aconteceram em conjunto, de forma que a transição seja de forma mais integrada.

A possibilidade do empregado em encerrar o vínculo empregatício e prestar o serviço em outra empresa deve ser analisado sobre os dois pontos de vista – empregador e empregado:

Quadro XVIII – Posturas no processo demissional:

Por parte do empregador	Por parte do empregado
Como a carreira deve ser monitorada por parte da empresa, ela deveria ter indícios de possíveis insatisfações por parte do empregado. O processo de avaliação, cargos e salários foi devidamente monitorado de forma a identificar a situação de forma preventiva?	O empregado expressou suas frustações e insatisfações aos seus chefes ou simplesmente conseguiu uma oportunidade de emprego?
Estabeleceu-se a possibilidade de negociação entre as partes ou foi uma decisão unilateral por parte do empregado?	O empregado pensou na possibilidade de negociar sua carreira na mesma empresa?
Que ações a empresa pretende realizar para o empregado, de forma a manter as boas relações e preservar sua imagem institucional?	O empregado pretende se relacionar com seus ex-colegas de trabalho?
Como a empresa pretende monitorar a vida de seu ex-empregado?	O empregado possui comentários e críticas sobre a empresa onde desempenhou as atividades de trabalho?

Fonte: O autor.

Por lei, é obrigatório que todo empregado realize o exame médico demissional. Entretanto, não é compulsória a entrevista demissional. A comunicação da demissão do empregado é realizada pela chefia competente, bem como há a hipótese de o empregado solicitar sua demissão a um escalão hierárquico superior na empresa. Nas duas situações, geralmente é realizada uma conversa sobre a situação.

Entretanto, algumas empresas têm praticado, na ocasião da rescisão formal do empregado com o seu empregador, uma entrevista demissional. Essa entrevista deve ter os seguintes objetivos:

- Identificar as razões pelas quais está sendo solicitado o desligamento funcional.
- Levantar o grau de satisfação ou insatisfação sobre a empresa, por parte do empregado.
- Identificar problemas de gestão.
- Ter um diagnóstico em tempo real.
- Levantar sugestões e recomendações por parte do empregado sobre a empresa.

Essa entrevista deve ser realizada por profissional qualificado da área de Recursos Humanos, no sentido de que esta seja conduzida de forma neutra e imparcial, considerando-se o fato de que esta área é a única na empresa que pode analisar a situação sem a utilização de critérios possivelmente técnicos do departamento de atuação do empregado e sim no relacionamento humano.

Um problema, além de não ser obrigatória, é que geralmente o empregado, no processo demissional, pode não querer participar do processo, bem como ter uma postura negativa perante o entrevistador. Entretanto, esta entrevista pode trazer duas grandes contribuições para a empresa:

- Serve como um instrumento dinâmico de pesquisa que visa identificar problemas e soluções dentro da empresa e de seus departamentos. Deveria ser a finalização de um processo que se iniciou com a contratação de um profissional e, como tal, um registro histórico de carreira.
- Serve como uma ferramenta de relações públicas, que visa manter a imagem institucional da empresa perante um ex-colaborador, mas que faz parte do ambiente de negócios da empresa.

Consta como recomendação obrigatória, de que a empresa, mesmo que não tenha atendido as expectativas do empregado, prestou uma grande contribuição pessoal, interpessoal e profissional, até em razão da percepção da necessidade que conduziram o profissional para a decisão de solicitar o desligamento funcional.

Pensando dessa forma, mesmo em casos de mudança para empresa de outro setor econômico, recomenda-se que as críticas por parte do ex-colaborador sejam construtivas, de forma a evitar comentários negativos decorrentes desse processo de desligamento.

Em mercados altamente competitivos, onde a mão de obra deve ser especializada, mas é escassa, a empresa deve tentar monitorar a carreira do seu colaborador interno, de forma a evitar de que ele migre para a concorrência e faça a diferença nos negócios de outra empresa. Isso ocorre geralmente em mercados que necessitam de alta tecnologia, cuja formação e experiência de seus colaboradores internos tem de ser bastante relevante.

Por outro lado, empregados talentosos, com formação acadêmica e técnica, por vezes procuram empreender em novos negócios. Nesse caso, ao perder um empregado de valor, a empresa poderá estar ganhando um concorrente de peso no mercado, pois obteve experiência técnica e relacionamentos com o mercado em que a empresa desenvolve suas atividades comerciais.

Qual é o seu projeto de vida?

Projetos são formalizações do que se pretende realizar e auxiliam no dimensionamento, organização e administração de recursos, esforços e resultados de forma efetiva. Sua amplitude deve estar contextualizada com a relevância do tipo de objetivo que se deseja atingir, dependendo da situação apresentada.

Para um jovem sem experiência profissional, um projeto pode significar a maneira de como obter o primeiro emprego; para um empregado, como obter evolução na carreira profissional ou mesmo a abertura de um negócio próprio. A vida pessoal e profissional pode ser definida como o conjunto de projetos conquistados, bem como os em andamento, perpetuando a vida útil das pessoas.

Figura XXVI – Projetos integrados.

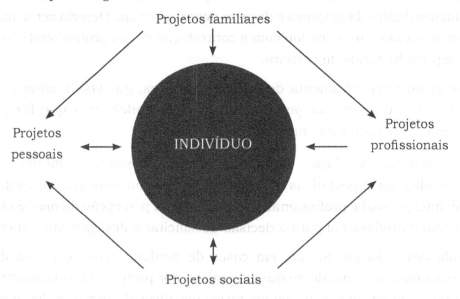

Fonte: O autor.

De acordo com sua natureza, os projetos podem ser classificados como:
- Projetos pessoais. Também conhecidos como projetos de vida, se referem a metas e objetivos pessoais, que podem estar relacionados à conquista de *status*, escrever um livro, reunir os amigos num grande evento, fazer uma viagem internacional, entre outros. Podem se constituir como agentes motivadores para a obtenção de sucesso profissional.

- Projetos familiares. A família é uma das maiores instituições da humanidade, senão a maior. Projetos como passar as férias com a família, adquirir um carro novo ou mesmo mudar para uma casa maior podem ser metas a serem conquistadas pela pessoa. O sucesso profissional está relacionado ao fato de que a pessoas necessitam de sua remuneração para atender as demandas de seus familiares e entes queridos.

- Projetos sociais. A pessoa está inserida em determinado ambiente de negócios e faz parte de uma comunidade que possui relevância para empresas, pessoas e entidades. Pessoas podem ter motivações que o levem a assumir compromissos e responsabilidades para com integrantes dessa sociedade, no sentido de "defender uma bandeira" e que gere uma satisfação emocional.

- Projeto profissionais. Finalmente, estes projetos, que podem ser a busca por pelo primeiro emprego, uma promoção na empresa, o reconhecimento por parte da chefia, aumento de salário, a busca por um novo emprego, bem como a abertura de uma empresa.

O comprometimento vai depender da valorização que a pessoa relaciona com cada tipo de projeto. De forma em geral, não existe um projeto mais ou menos importante. Todos têm determinado nível de influência, dependendo da fase do ciclo de vida individual da pessoa.

Na verdade, todos os projetos são importantes e devem ser analisados de forma integrada, no sentido de conciliar metas e prazos distintos. Algumas empresas geralmente inserem em seu programa de valorização e remuneração práticas referentes ao ambiente social e ambiental. Também apresentam preocupações quanto ao bem-estar do empregado e de seus familiares.

O projeto é parte obrigatória de um bom plano de carreira. Independentemente da categoria do tipo de projeto, estes envolvem um tempo para serem iniciados, desenvolvidos e finalizados. Consomem recursos e devem gerar resultados de acordo com as previsões. Como a premissa é de que as categorias de projetos têm igual relevância para a pessoa, esta deverá gerenciar os projetos pessoais, profissionais, familiares e sociais de forma a obter sinergia e produtividade, adaptando prazos e recursos de acordo objetivos e metas. Por exemplo: o bom desempenho profissional pode significar uma premiação, cujo valor seja suficiente para que o profissional e família possam apreciar uma viagem em seu período de férias.

Projetos de categorias diferentes não podem trazer problemas para a empresa e para o empregado. Projetos podem ser complementares, mas possuem limitações entre eles. Tomemos como exemplo:

- As mulheres devem ser bastante hábeis em conciliar suas responsabilidades profissionais, familiares e, em alguns casos, sua atribuição como mãe. Tal condição é resguardada por lei, porém a profissional deve estar preparada para enfrentar as diferentes situações que possam ocorrer nesse importante período de vida. As gestantes sofrem mudanças físicas, fisiológicas e até psicológicas que podem interferir nos afazeres diários.

- Algumas empresas não permitem relacionamentos íntimos e sentimentais entre seus funcionários, embora tal prática não esteja dentro da lei. Afirmam que esses relacionamentos podem favorecer influências que podem prejudicar os negócios da empresa.

Check list 3: Pode-se resumir esta outra fase do plano de carreira com as respostas às seguintes perguntas:
- Como os fatores endógenos e exógenos estão interferindo na sua carreira?
- Como está sua capacidade utilizar o *empowerment* e o *employeeship*?
- Como está sua capacidade de intervir no seu ambiente pessoal e profissional?
- Como estão seus comportamentos pessoais e profissionais?
- Quais são suas características psicográficas, de acordo com a categorização de gerações?
- Que estratégias de carreira pretende/está utilizando para impulsionar seu desenvolvimento profissional?

Seja dono de seu próprio negócio

Nem sempre o fato de uma pessoa iniciar um novo negócio significa que ela é uma empreendedora. A abertura de um novo negócio, conforme discutido até aqui, pode ser consequência da insatisfação no trabalho e a necessidade de ter uma fonte de rendimentos. Qual é a diferença entre ser empregador e ser empregado?

A resposta dessa pergunta simples pode motivar ou desmotivar as pessoas. É um grande sonho das pessoas ter seu próprio negócio, pois muitas vezes se projetam nos atuais chefes utilizando-os como fontes de referências, mas não conhecem as dificuldades e particularidades que estes percorreram.

Ser empregado significa ser subordinado a alguém, dentro de um sistema de trabalho já construído, onde o profissional presta determinado serviço e, em contrapartida, recebe uma remuneração. Esse vínculo implica num relacionamento de trabalho, com deveres e direitos para o empregado. Essa situação, embora não seja agradável a todos, significa em muitos casos um certo nível de comodidade.

Ser empregador significa ser dono ou ocupar um cargo de confiança em uma empresa, que atende determinado mercado e que necessita de um grupo de colaboradores. O empregador é responsável por bem atender o mercado, porém também zela pelos direitos e deveres de seus empregados, bem como por outros aspectos legais e sociais.

Dessa forma, a diferença reside essencialmente no nível de responsabilidades que o profissional está disposto a assumir. Para deter essas novas responsabilidades, é necessário preparo, maturidade e experiência profissional naquilo em que pretende investir seus esforços.

Se está empregado e deseja abrir um negócio próprio, observe e pesquise primeiro como funciona o negócio almejado. Existe uma série de situações que deve ser avaliada e analisada antes de abrir um novo negócio. Um dos casos mais comuns é a necessidade de um investimento inicial que possibilite a abertura do novo empreendimento, porém o retorno financeiro não ocorrerá da mesma forma como na empresa onde você trabalha. Existe um período onde a empresa deverá atender as questões legais da abertura, ser estruturada, se reconhecida pelo mercado e realizar os ajustes necessários.

Quando empregado, tudo o que você precisa está disponível, como os materiais de escritório, telefone e café, por exemplo.

Dessa forma, além da observação e pesquisa, o indivíduo deverá procurar uma orientação especializada no sentido de aconselhamento e recomendações que visem o preparo para essa nova empreitada.

Outro fator a ser analisado é por quais razões a pessoa deseja abrir uma empresa?

Em alguns casos, a situação é que o indivíduo se encontra desmotivado com o atual emprego, por falta de perspectivas profissionais. Entretanto, nem sempre são reconhecidas por parte do indivíduo as razões dessa situação, que podem estar relacionadas à falta de formação acadêmica, maturidade profissional, habilidades e competências necessárias, por exemplo. Se for essa situação, a migração de uma empresa para um negócio próprio pode significar a transferência de uma série de situações negativas que influenciarão o sucesso do novo empreendimento.

No Brasil, a cada três pequenas empresas abertas, somente uma sobrevive depois de cinco anos. Considerando as características culturais e comportamentais do país, talvez esse número não seja tão negativo, da forma como geralmente se apregoa.

De forma em geral, o fato de abrir um novo negócio deve ser sempre comemorado, por questões empreendedoras, porém devem-se tomar as devidas precauções para que um sonho não se torne um pesadelo real. Não existe o "pulo do gato" para o sucesso de um novo empreendimento; existe sim muito preparo e transpiração.

Pode-se afirmar que compreender o que é empreender é de vital importância para qualquer empresário.

Educação continuada

De forma padronizada e sistematizada, a educação continuada é uma forma de estar atualizado com o que acontece no mercado de trabalho. A essência da vida é o constante aprendizado, que possibilita ao indivíduo seu desenvolvimento e sobrevivência. Segundo Trujillo Ferrari (1974, p. 8), "A ciência é todo um conjunto de atitudes e atividades racionais, dirigidas ao sistemático conhecimento com objeto limitado, capaz de ser submetido à verificação".

Entendemos então, por ciência, uma sistematização de conhecimentos, um conjunto de proposições logicamente correlacionadas sobre o comportamento de certos fenômenos que se deseja estudar.

A educação continuada pressupõe o aprendizado do indivíduo por meio do desenvolvimento de cursos, palestras, eventos e tudo aquilo que vise à sua atualização, crescimento e aperfeiçoamento pessoal e profissional, preferencialmente de forma espontânea.

O indivíduo deverá procurar as oportunidades que visem ao melhor aproveitamento do desenvolvimento de suas habilidades e competências, tanto pessoais e quanto corporativas, dentro de seu plano de carreira e também moldadas às necessidades de mercado. Entretanto, uma das premissas para o desenvolvimento do indivíduo é a incorporação, em seu dia a dia, da habilidade de pesquisar e da competência de aplicar os conhecimentos.

Ander-Egg (1978, p. 28) conceitua a pesquisa como o "procedimento reflexivo, sistemático, controlado e crítico que permite descobrir novos fatos ou dados, relações ou leis, em qualquer campo do conhecimento". Portanto, a pesquisa é um procedimento racional e formal que permite conhecer as várias partes de uma realidade.

Pelo lado das instituições de ensino superior, abrem-se diversas oportunidades de geração de atividades que objetivam o aprimoramento dos alunos, bem como a geração de recursos que visam à sustentabilidade institucional e, ao mesmo tempo, a aplicação em investimentos de melhoria contínua.

A educação continuada e a responsabilidade social são exigências do governo federal, que devem ser atendidas pelas instituições de ensino superior não como uma obrigatoriedade, mas como uma forma de propiciar a atualização e melhora do ensino e não simplesmente a geração de novos cursos e receitas. Os cursos de extensão, por exemplo, deverão constar no PDI – Plano de Desenvolvimento Institucional. A razão da educação continuada reside então em dois fatores:

- No atendimento das necessidades específicas do indivíduo, que pode permitir sua melhor inserção no ambiente em que vive; conhecimentos podem significar uma impressão e postura de destaque para quem o detêm.

- Na observância da própria missão da IES, ou seja, na geração de conhecimento contínuo plenamente adaptado à área de conhecimento, permeando o mercado e a sociedade. A instituição de ensino superior contribui, portanto, com a sociedade, na medida em que gera resultados comerciais e financeiros, mas sobretudo éticos, sempre que exerce a responsabilidade social.

A Universidade Corporativa tem se tornado uma forma da empresa em potencializar seus talentos internos. Cursos normais apresentam um conteúdo padronizado, em que profissionais de várias áreas podem procurar o conhecimento e se aprofundar individualmente a partir de interpretações particulares de conteúdo.

Faculdades de Universidades Corporativas oferecem cursos mais personalizados, baseados na forma como a empresa trabalha, necessidades, estratégia de negócios e cultura organizacional, sendo uma das formas de obter o alinhamento mais próximo da empresa e interesses da empresa.

As Faculdades Corporativas são uma forma de conciliar o aprendizado básico com os específicos da área e da cultura organizacional da empresa.

Ameaças e oportunidades no contexto da gestão multicultural

A gestão multicultural trata das relações de gestão de pessoas, partindo do pressuposto de que empresas podem emigrar para diferentes regiões, cujos colaboradores e talentos humanos possuirão particularidades distintas. Levam em consideração as transformações referentes à gestão corporativa e analisa o perfil dos trabalhadores.

Em decorrência da riqueza dessas particularidades, a gestão multicultural implica em alguns procedimentos, que podem ser considerados positivos ou negativos, dependendo do ponto de vista e dos objetivos da empresa. São eles:

- Investimentos altos em recursos humanos, além de investimento contínuo em sistemas de informações, onde as pesquisas serão elaboradas no sentido de diagnosticar o funcionamento do mercado e delinear as estratégias de crescimento, enquanto os sistemas serão necessários para monitorar o *status quo,* suas mudanças e transformações.

- Identificação e manutenção de profissionais gabaritados, que estejam comprometidos com os ideais e propósitos do negócio, e que tenham grande liderança, flexibilidade e agilidade interpessoal.

- Pensamento etnocêntrico, que parte do pressuposto de que nossa cultura é superior às outras e que está no centro do universo. O "jeitinho brasileiro" é considerado por nós como um grande diferencial competitivo, porém denota um pensamento e orientação de curto prazo e não necessariamente criatividade. Da mesma forma que hábitos de etiqueta à mesa podem ser considerados corretos como o "comer com o garfo e faca", porém outras culturas têm hábitos diferentes, comendo com "pauzinhos" ou com as "mãos", por exemplo.

- Pensamento e orientação baseados no paroquialismo, que supõe que nossa cultura é a única e correta forma de pensar e agir, podendo haver a transferência no caso em que determinados valores estejam sendo analisados sob diferentes óticas, como a necessidade premente de "falar inglês" num mundo globalizado.

- Necessidade de alta tecnologia e de comunicação no sentido de integrar de maneira rápida as equipes e as estratégias e suas respostas em tempo real.

- Falta de material que possibilite uma gerência mais eficaz.

Dessa forma, a gestão multicultural é importante para sintonizar a empresa com seus diferentes públicos internos, considerando inclusive a expansão além-mar. Realizar a gestão no Brasil é diferente, por exemplo, de gerir uma filial ou subsidiária brasileira na China, pois há a necessidade de análise e avaliação de diferentes variáveis e características culturais e legais. Portanto, o que se requer não é apenas uma gestão, mas uma gestão multicultural, ou seja, uma gerência mais globalizada.

Check list 4: Pode-se resumir mais uma fase do plano de carreira com as respostas às seguintes perguntas:

- Como está seu espírito empreendedor? Você realmente está preparado para empreender com responsabilidade?
- Você se considera ter capacidade para ser um bom empresário?
- Como você está investindo na ampliação de seus conhecimentos?
- Você tem a capacidade de enfrentar os diferentes desafios da diversidade cultural internacional?
- Você está preparado para iniciar uma carreira internacional?

O desenvolvimento de carreira não termina aqui. Ele é um processo de contínuo que, como o planejamento estratégico de uma empresa, estabelece objetivos qualitativos de forma a instigar uma constante procura para algo a realizar. Dessa forma, essa procura se constitui, essencialmente, na busca pela excelência de qualidade de vida pessoal, familiar, profissional e social.

2. Significados de Carreira pelos Posicionamentos e Condutas Empreendedoras

A dinâmica do processo de desenvolvimento sustentado

A dinâmica do ambiente interno da empresa deve ser igual ou até maior que a própria dinâmica de mercado em que a empresa está inserida, recomendando que seus colaboradores internos estejam eficazmente distribuídos e alocados na empresa, com cargos, funções e responsabilidades bem definidas.

Esse processo necessita que ambas as partes estejam em equilíbrio e que os processos se realizem normalmente para o aproveitamento de oportunidades domésticas e globais que possam surgir. Essa realidade conduz a um paradigma da construção do comprometimento entre as partes envolvidas nos processos de crescimento sustentado, onde a parceria e a cumplicidade mútua e sadia proporcionam ganhos em escala e produtividade.

- De forma econômica, a produtividade pode ser medida pelo valor do Produto Interno Bruto (**PIB**) que representa o total de riquezas, dentro de um período de tempo, de um país em relação à sua população correspondente. Essa relação representa o quanto de riqueza uma região – país, estado, cidade – pode acumular em determinado ano, demonstrado sua capacidade de gerar riquezas e impostos. Um ponto importante é identificar qual é a composição dessa riqueza, ou seja, que tipos de setores econômicos e empresas contribuem para tais resultados. Por outro lado, por quais razões favorecem essa composição. Essa é uma definição inicial de produtividade. A avaliação econômica é externa à empresa e influencia suas decisões estratégicas.

- A produtividade média do trabalhador pode ser encontrada a partir a relação do PIB com a população ocupada, economicamente ativa da região. Essa análise pode ser categorizada por setores econômicos, o que resulta no índice de produtividade que serve como referência inicial para as empresas que desenvolvem suas atividades profissionais.

- Para as empresas, de forma mais focada, o termo produtividade tem outros significados, além do econômico e setorial. Pode significar o quanto de rentabilidade gera seus colaboradores internos. A produtividade média dos trabalhadores da empresa pode ser encontrada a partir a relação da rentabilidade da empresa frente aos seus diferentes colaboradores internos, bem como a identificação de produtividade individual, por colaborador.

Essa produtividade individual pode ser identificada a partir da rentabilidade, comparativamente aos centros de custos de cada área da empresa, tornando o processo sistematizado e informatizado, de forma a torná-lo mais concreto e o processo de análise de gestão mais ágil, fortalecendo o processo decisório.

Esse sistema pode ser um pilares de definição de metas para os cargos e base de salário, remuneração e práticas de valorização do empregado. Deve-se tomar o especial cuidado de diferenciar o que significa essa produtividade com resultados efetivos.

Algumas empresas valorizam seus colaboradores a partir de resultados comerciais, não contextualizando as atividades de apoio que conduziram a eventual resultado, se positivo. Nesse caso, funções administrativas e técnicas que serviram como meio para a concretização de negócios nem sempre são remuneradas e, se valorizadas, nem sempre o são de acordo com o mérito.

Esse sistema também poderá indicar como a empresa pretende valorizar seus colaboradores, por meio das vias tradicionais ou mesmo criando mecanismos inovadores e criativos. Em última instância, embora seja polêmico, pode também servir como referencial de demissões a serem realizadas, caso a empresa não atinja as metas almejadas.

Em empresas em que a filosofia é mais mecanicista, o rendimento é medido pelo nível de produção em contraponto ao número de pessoas, ou seja, mais produção e menos pessoas. Entretanto, nem sempre os resultados quantitativos estão diretamente relacionados aos de ordem qualitativa.

Competências, posturas e atitudes valorizadas pelas empresas contemporâneas

Na realidade contemporânea, a competência da busca sistemática de informações e de atualização é um importante indicativo da possibilidade de desenvolvimento do ser. Segundo Brum (2005, p. 554),

Outra exigência do mercado de trabalho, na atualidade, é a flexibilidade, a criatividade do trabalhador, e a sua permanente busca de atualização e de novas informações. Antes, na indústria tradicional, o operário passava anos, às vezes toda a sua vida útil, fazendo sempre a mesma coisa e do mesmo jeito. Agora, precisa capacitar-se para mudanças frequentes [...]. Emprego e exigência de qualificação, flexibilidade e criatividade e atualização permanente são desafios mundiais, não apenas brasileiros. Exemplo desse tipo canal de atualização são os fóruns. O 1º Fórum de Reitores China-Brasil, realizado em 16 de março de 2007, discutiu as propostas relacionadas à Educação Superior, Intercâmbio e Cooperação no Século XXI, no sentido de evidenciar e ressaltar a importância das atividades que podem ser desenvolvidas no âmbito internacional. O evento foi promovido pela Coordenação de Aperfeiçoamento de Pessoal de Nível Superior (Capes/MEC) e pela Associação de Intercâmbio Internacional da China (Ceaie), e abordou assuntos relacionados à agricultura, engenharia espacial, petróleo e gás, por exemplo.

Esse fórum aponta para uma tendência mundial, proveniente de necessidades oriundas da abertura de mercado: o debate. Por meio dele, algumas instituições de ensino procuraram diferenciais competitivos, utilizando recursos humanos, tecnológicos, financeiros e, fundamentalmente, a troca de conhecimentos e a ampliação da base de pesquisas.

O mercado chinês, em razão da sua representatividade e importância internacional no contexto contemporâneo e futuro – devido à robustez de sua capacidade produtiva, exportadora e importadora, e em fase de transição para uma economia mais industrializada – é de especial interesse para esse intercâmbio. Com isso, abrem-se excelentes perspectivas também para os alunos, no sentido de expandirem suas capacidades, habilidades e competências, além daquelas necessárias para a integração do indivíduo na comunidade acadêmica, profissional e social.

Todavia, as empresas não devem esperar as influências do ambiente externo e, sim, interagir de forma a mudar e transformar os eventos a seu favor. E um dos principais instrumentos para a transformação é o talento humano. Concluímos com Adizes (1988, p. 3), lembrando que:

à medida em que as empresas crescem e envelhecem, qualquer deficiência relativa na sua flexibilidade ou autocontrole cria dificuldades previsíveis e repetitivas que os gerentes, via de regra, rotulam de 'problemas'. O trabalho da gerência não é criar uma situação em que não haja problemas, mas sim levar a organização à Plenitude e, ao fazê-lo, trocar um conjunto de problemas por outro. Crescer significa a capacidade de lidar com problemas maiores e mais complexos.

Empreender, criar e inovar: contribuições econômicas e sociais

No Brasil, entre as Ciências Sociais Aplicadas, a Administração destaca-se por ter uma aplicação corporativa direta. É, por exemplo, por meio dos indicadores de gestão que áreas afins como Finanças, Gestão de Pessoas, Produção e *Marketing* se intercomunicam com os ambientes interno e externo, possibilitando a plena utilização de recursos para a obtenção de melhores resultados.

Dessa forma, a Administração não pode ser tratada como uma ciência exata, que lida com relações entre o trinômio mercado-empresa-recursos, pois ela trata de relacionamentos entre pessoas, com suas potencialidades, visão e níveis de conhecimento diferenciados. Compreender essa realidade faz com que a empresa possa repensar seus conceitos, para praticar a ciência da Administração de modo criativo, inovador e empreendedor.

O ponto de vista corporativo: a evolução e os ciclos de vida das organizações

Geus (1999) destaca que as empresas podem passar pelas seguintes fases do ciclo de vida: nascimento, adolescência, idade adulta e maturidade, de acordo com as influências do ambiente em que se insere, bem como da capacidade de atender as necessidades do mercado e gerar estratégias assertivas.

Com as grandes variações que a economia internacional tem relevado, as empresas deveriam adotar comportamentos e ações de ajuste. O grande desafio surge quando as mudanças e transformações ocorrem de forma muito rápida e instável. As formas de reação às mudanças podem ser padronizadas por um grupo de empresas, e é possível categorizá-las como estratégias genéricas que partem de mudanças estruturais de um determinado setor econômico.

Por outro lado, as reações podem se originar de uma percepção diferenciada da empresa, a partir de outras variáveis e dentro de uma visão de mundo própria de seus gestores. Nesse sentido, podemos afirmar que houve uma ruptura entre o pensamento sistêmico simples e a possibilidade de ações que permitam um ganho de escala, produtividade e qualidade. O grande desafio é perceber essa nova visão e quando iniciar as mudanças.

O ponto de vista humano: a necessidade de se diferenciar e crescer

A **adaptabilidade** faz parte do histórico do ser humano. Em Administração, o conceito refere-se à capacidade de adaptação do indivíduo aos desafios internos e principalmente externos à empresa, tratando-se, então, de ação e reação positiva. Entretanto, considerando a necessidade de diferenciação e posicionamento competitivo, as empresas e pessoas não devem lidar com o mercado somente de forma reativa, mas devem criar desafios corporativos e pessoais constantes que visem à antecipação e perpetuação de ações empreendedoras, criativas e inovadoras que conduzam a novos cenários de negócios.

Na nova economia, se assim podemos denominar o cenário pós-crise iniciado em 2008, o principal ativo econômico está na mente das pessoas e na forma como as empresas conseguem identificar e capitalizar os conhecimentos, ações, posturas e atitudes de seus colaboradores. Davenport e Prusak (1999, p. 14) ressaltam que é necessário "reconhecer o conhecimento como um ativo corporativo e entender a necessidade de geri-lo e cercá-lo do mesmo cuidado dedicado à obtenção de valor de outros ativos mais tangíveis".

E as inovações?

Inovações podem ser definidas como melhorias em produtos e serviços existentes e desenvolvimento deles que ocorrem no cotidiano pessoal e empresarial. Como exemplo, podemos citar um banco inglês que, na década de 1990, devido a limitações legais, não poderia expandir suas filiais no Brasil. Na busca de melhoria de processos, fez uma parceria estratégica com um banco brasileiro, com a terceirização da conta corrente e dos 8.900 funcionários para o banco nacional.

Essa ideia da terceirização de clientes implicou no redimensionamento do número de funcionários internos e possibilitou criar escritórios isolados da instituição. Como parte da estratégica, o banco brasileiro cedeu tecnologia bancária ao inglês e este, por sua vez, ofereceu linhas internacionais que incrementaram o *funding* do banco brasileiro para seus clientes.

Observa-se, assim, que as atividades necessitam estar em conexão com o ambiente de negócios onde a empresa se insere. Sob o ponto de vista do *marketing*, pode ser utilizado o conceito da difusão de inovações.

E os aspectos criativos?

Parte do processo criativo se relaciona ao ambiente no qual o indivíduo se insere e às possibilidades de a empresa incrementar esse ambiente, despertando e desenvolvendo a genialidade criativa em outros indivíduos. A criatividade pode facilitar mudanças mesmo em empresas conservadoras, desde que a cultura organizacional esteja alinhada aos propósitos e objetivos corporativos.

A dimensão da criatividade envolve, então, o indivíduo, com suas características e particularidades, e também a empresa, que pode oferecer variáveis exógenas ao indivíduo, motivando-o a construir a competência e a criatividade e, posteriormente, obter os resultados necessários. Aí reside um problema de fato: a dificuldade para se mensurar o custo do investimento na criatividade.

Daí o processo criativo ser, por vezes, confundido no cotidiano empresarial com o processo inovativo. Vejamos alguns exemplos que nos permitem perceber melhor essa diferenciação: não é possível aplicar o processo criativo no desenvolvimento de um novo medicamento, mas pode-se ter uma tecnologia inovativa na pesquisa, desenvolvimento e respectiva produção do antigo.

Além disso, a empresa consegue, em seu plano estratégico, investir no capital humano inovativo em seu *budget* e, posteriormente, na gestão e controle dos resultados, mas não no aspecto criativo, que parte de subjetividades, sem permitir a previsão dos resultados.

Dessa forma, tanto o empreendedorismo quanto a criatividade devem ser estimulados pela empresa para despertar as habilidades e principalmente as competências de seus colaboradores. Para o processo inovativo, é possível inserir os procedimentos e ações num plano mais objetivo. Em relação à criatividade e à inovação, as práticas devem ser realizadas principalmente a partir de resultados concretos.

Para uma melhor compreensão do que discutimos, adotamos a referida categorização como referencial para a contextualização do empreender, criar e inovar.

É possível notar que as categorias de competências citadas agem de forma única e complementar, de modo que cada indivíduo poderá optar por um grupo de competências gerais ou específicas. Um administrador financeiro pode, por exemplo, ter um grupo de competências cognitivas, interpessoais, organizacionais e profissionais para atingir os resultados esperados. Cabe a cada indivíduo identificar de que competências necessitam para bem atingir seus objetivos pessoais e profissionais.

Empreendedorismo, criatividade e inovação abertas

Tanto as competências quanto as habilidades podem ser desenvolvidas a partir de estímulos e influências externas, do meio em que vivemos, da empresa e do ambiente de ensino.

Portanto, as competências humanas também podem ser aquelas relacionadas ao empreendedorismo, criatividade e inovação. Mas, para sua eficácia, a gestão dos processos é de fundamental importância para que os resultados sejam alcançados.

Uma das formas de obter resultados mais consistentes é gerenciar a empresa diversificando sua estrutura de talentos com a contratação de profissionais com habilidades diferentes daquelas que a empresa usualmente tem em seu quadro de colaboradores. Outro ponto é a conciliação do ciclo de vida pessoal com objetivos e metas corporativos – etapa em que o gestor deverá ter a habilidade de administrar a si próprio e delegar esta descentralização de poder aos seus iguais e subordinados.

Em suma, não pode haver capacidade empreendedora se não houver a devida competência. Não será possível a inovação, se não houver um ambiente propício, planejado e organizado para seu desenvolvimento. Não haverá espaço para a criatividade, se não houver vontade do colaborador. Finalmente, se não houver a vontade de crescer e se desenvolver, nenhuma atividade empreendedora, criativa ou inovadora será capaz de surgir, de forma contributiva, para a sociedade como um todo.

Dessa forma, na condução do caminho da empresa, é possível e necessária a utilização das competências citadas, tornando a Administração mais do que um conjunto de processos racionais que deve ser gerenciado, mas sim a modelagem de negócios de forma mais artesanal e mais intimista, transformando a ciência num modelo de arte a ser conquistado. E essa capacidade administradora está vinculada ao conhecimento. Fenômenos econômicos e sociais de alcance mundial modificam e reestruturam rapidamente o ambiente das organizações. Nesse sentido, o conhecimento é de importância vital para que o empreendedor enfrente desafios e encontre possibilidades.

Para Nonaka e Takeuchi (1997) "os indivíduos adquirem conhecimento movendo-se em ciclos entre o conhecimento implícito e o explícito", sendo o primeiro aquele que se adquire inconscientemente, e o segundo é aquele se que "mostra verbalizável, analisável", e pode ser manipulado conscientemente pelo sujeito.

A **Tecnologia da Informação** (TI) é uma ferramenta que, ao aumentar o poder e velocidade de disseminação e transferência do conhecimento, torna-se determinante ao planejamento, organização, liderança e controle eficazes das organizações. Sua utilização se dá desde a simples automação de processos até os mais sofisticados *softwares* de suporte ao planejamento.

Segundo Murphy (2002), os benefícios de TI podem ser tangíveis, aqueles que afetam diretamente os resultados da empresa, tais como redução de custo e geração de lucros e benefícios intangíveis, aqueles que causam melhorias de desempenho do negócio, tais como informações gerenciais, segurança, etc. Os benefícios do uso de TI serão maiores ou menores de acordo com sua tecnologia, nível de configuração ou estágio de aplicação. Chaves e Falsarella (1995) fornecem um quadro dos estágios de desenvolvimento do TI nas organizações:

Quadro XIX – Estágios da tecnologia da informação nas organizações.

Estágio	Características	Sistemas
Iniciação	Automação de processos manuais. Inexiste planejamento. Inexiste participação do usuário.	100% dos sistemas são para controles operacionais (transacionais).
Contágio	Proliferação de aplicativos. Inexiste planejamento. Fraca participação do usuário.	Pelo menos 15% dos sistemas são para controle gerencial.
Controle	Reestruturação interna do CPD. Início de controle dos recursos de Informática. Usuário responsabilizado (arbítrio).	80% – operacional. 20% – gerencial.
Integração	Utilização de banco de dados. Controle e contabilização do processamento de dados. Usuário participante e envolvido nos processos.	65% – operacional. 35% – gerencial.
Administração de dados	Organização e integração das aplicações. Organização voltada para a Administração Corporativa. Usuário consciente do processo.	55% – operacional. 45% – gerencial (executivos).
Maturidade	Fluxo de informações integrado. Planejamento da informação como recurso. Efetiva participação dos usuários.	45% – operacional. 55% – gerencial.

FONTE: Chaves e Falsarella (1995, p. 25).

Qualquer que seja o estágio de desenvolvimento de utilização das ferramentas de TI, o administrador moderno deve ter em mente que esta é uma das competências fundamentais à administração vencedora.

Diante do exposto, pode-se recomendar algumas atitudes para que a empresa reconheça diferenças qualitativas de seus colaboradores, em detrimento aos aspectos racionais discutidos em produtividade:

- Capacidade de criar e desenvolver projetos. As empresas estão interessadas em que seus colaboradores desempenhem suas funções e assumam responsabilidades de acordo com o que é descrito e necessário na sua descrição de cargos, para o desenvolvimento de resultados com qualidade. Entretanto, as empresas valorizam mais quando o empregado tem a capacidade de criar projetos que tornem o trabalho melhor, com mais produtividade e resultados, em que ele tenha realmente possibilidade de alterar a cadeia de eventos e contribuir proativamente para a melhoria contínua da empresa e de seus processos.

- Outro ponto relevante é a criação de projetos e propostas instigantes, que visem que objetivos sejam criados a partir de desafios individuais e de grupo. Esses desafios, se bem conduzidos, elevam o patamar intelectual e cognitivo de seus colaboradores internos, tornando a empresa mais preparada para o enfrentamento competitivo.

- Para que tal situação flua de acordo, o aprender a aprender é uma competência bastante importante, no sentido de influenciar a procura constante da qualidade de atividades pessoais e profissionais por meio do autoaprendizado, treinamento e educação continuada.

- Outro ponto relevante é a capacidade tecnológica de pessoas. Essa capacidade não está relacionada diretamente à tecnologia de informação, mas define como o profissional se relaciona com as ferramentas e instrumentos tecnológicos, bem como obtêm melhores resultados. Tecnologia não é um termo restrito, tendo sua amplitude relacionada a todas as áreas de conhecimento como a educação e o ensino.

A empresa, ao instigar tais competências e posturas, deve ter a especial preocupação de como serão identificadas, avaliadas, transformadas em indicadores e, essencialmente, quais serão as políticas de valorização. Já foi o tempo em que as empresas inseriam no ambiente de trabalho a caixa de sugestões, no sentido de esperar a contribuição de seus funcionários.

Nesses novos tempos, a ideia é que a empresa encontre formas de suscitar o espírito colaborativo de seu público interno, valorizando de forma justa e profissional as contribuições realmente relevantes. Por outro lado, os empregados devem procurar contribuir de forma contundente, por meio de práticas e atitudes que conduzam a um aperfeiçoamento de todo o sistema.

Um ponto mais relevante é a importância com que as partes – empresas e empregados – visualizam a responsabilidade social, ética e ambiental, no sentido de agregar valor e ter um desafio diferente a ser alcançado.

Responsabilidade social, ética e ambiental como fatores de sustentabilidade de carreira nas empresas e de profissionais

A sociedade contemporânea, pessoas e empresas, passam por diversos obstáculos e desafios. De um lado, o pensamento capitalista que orienta para o desenvolvimento contínuo das organizações, com objetivos de fortalecimento financeiro e econômico. De outro, os impactos socioeconômicos e ambientais que podem surgir a partir desse pensamento. Oliveira (2008, p. 2) afirma que:

> *O estudo da responsabilidade social de empresas engloba o entendimento da relação complexa que existe entre as empresas e a sociedade, incluindo comunidades, empregados, governos e até outras empresas. Isso envolve refletir sobre a função da empresa na sociedade, como a sociedade deve se portar em relação às empresas e como estas devem responder às demandas da sociedade.*

As empresas oferecem relevante contribuição para a sociedade, no sentido de geração de produtos e serviços para consumo, empregos que garantem uma distribuição de recursos financeiros e econômicos, bem como impostos que são revertidos para a própria sociedade.

Esse sistema permite que os participantes contribuam de forma positiva para a sociedade como um todo, mas geram impactos, já que nem todos trabalham equilibradamente para sua sustentação, e nem sempre há integrantes que possam complementar as atividades. Como exemplo pontual, pode-se mencionar o crescimento das cidades, que gera material descartado, genericamente denominado lixo, sem que todas as empresas entendam o processo e possam aproveitar e reciclar esse material.

Além das contribuições voltadas para o meio ambiente, há o compromisso social, pela simples relação entre empregador e empregado, sua remuneração e benefícios estendidos aos próximos do empregado. A responsabilidade social, bem como a conscientização ambiental e a ética pessoal e empresarial devem ser incorporadas ao negócio, fazendo parte da rotina das atividades dos envolvidos. Srour (2008), ao tratar da sustentabilidade relacionada à longevidade das organizações e não à questão ambiental, a que se convencionou relacionar o termo, diz:

> *A sustentabilidade supõe que as empresas sejam viáveis economicamente, justas socialmente e corretas ecologicamente. Esse tríplice resultado (triple bottom line) mede o impacto das suas atividades no mundo e contribui, em última instância, para assegurar a habitabilidade do planeta [...] as empresas eticamente orientadas são as que geram lucro para os acionistas, protegem o meio ambiente e melhoram a vida de seus públicos de interesse, ao mesmo tempo que resolvem problemas de caráter geral. Ao levar a sério esses compromissos*

e ao realizar a façanha de traduzi-los em práticas, as empresas se credenciam para alcançar boa reputação e perenidade (SROUR, 2008, p. 254).

Embora exemplo de grande longevidade, o banco italiano Monti dei Paschi di Siena teve sua reputação abalada em 2013 e consequente redução de rentabilidade no período, devido a escândalos ocorridos no mercado europeu (AGÊNCIA ESTADO, 2013). Srour (2003) observa que a reputação empresarial está diretamente associada à confiança coletiva legitimada pelas ações das empresas, concedendo-lhe então a credibilidade e consequentemente a durabilidade. Dessa forma, a gestão da reputação conduz a uma reflexão interna e externa, aderência aos diferentes **stakeholders** e continuidade sustentável.

Geus (1999), a partir de extensa pesquisa, enumera quatro fatores comuns a empresas longevas:

- Sensibilidade ao ambiente onde estão inseridas, com monitoramento das mudanças e transformações, adaptando de forma harmoniosa. Todas as empresas estão inseridas num ambiente externo – concorrentes e fornecedores, por exemplo –, além de sofrer influências macroambientais, como as da economia e da política. Tais componentes influenciam tanto o mercado quanto as estratégias das empresas.

- Coesão, com forte senso de identidade, não importando sua diversificação: todos os *stakeholders* têm a percepção de unicidade da empresa. Tanto no âmbito dos produtos e serviços quanto da marca, as empresas devem se diferenciar e se posicionar de forma estratégica perante os concorrentes.

- Tolerância com as excentricidades, atividades paralelas e outras situações que podem não ser usuais. As empresas não podem estar engessadas em suas atitudes e posturas. Devem ser equilibradas em relação a todas as situações.

- Conservadorismo financeiro, pois seus gestores sabem o valor do dinheiro e como gerenciá-lo no decorrer da vida da empresa. Não significa dizer que a empresa não utilize da criatividade até na sua gestão financeira, mas deve racionalmente utilizar seus recursos financeiros e econômicos de forma a diminuir os riscos de sua utilização.

Concluindo, a empresa deve estar plenamente adaptada em relação ao seu mercado, gerenciando suas práticas dentro da filosofia da responsabilidade social, ética e ambiental. A conscientização de seu público interno em relação a esses fatores, aliada ao reconhecimento dos diferentes públicos de interesse podem conduzir a empresa à longevidade necessária e, dessa forma, à sustentabilidade e contribuição econômica e social.

A ampliação da imagem da empresa por meio de seus públicos essenciais, não essenciais e redes de interferência

As empresas estão inseridas em ambientes e, dessa forma, são suscetíveis aos relacionamentos com diferentes *stakeholders*. Nessa perspectiva, de acordo com a intensidade de seus relacionamentos, estes podem ser categorizados como públicos essenciais, não essenciais e redes de interferência. Resumidamente, os públicos essenciais estão diretamente relacionados àqueles da atividade fim da empresa, como mercado consumidor e colaboradores internos; os públicos não essenciais estão diretamente relacionados a outros tipos de públicos que tangenciam outros setores não compartilhados pela empresa; finalmente, as redes de interferência são aqueles públicos que podem influenciar a empresa e seus resultados, como concorrentes, meios e outros.

A ampliação da imagem deve ocorrer em todos os níveis, preferencialmente na primeira categoria (mercado consumidor e colaboradores internos), pois esses relacionamentos se referem e são construídos a partir de meios de comunicação mais formais. Conforme Morgan (2011, p. 72):

> *Torna-se necessário compreender que as organizações e os seus ambientes estão engajados em um padrão de criação mútua, em que cada um produz o outro. Exatamente como na natureza, em que o ambiente de um organismo é composto de outros organismos, os ambientes organizacionais são, de forma ampla, compostos de outras organizações. Assim, uma vez que se reconheça isso, torna-se claro que as organizações são, em princípio, capazes de influenciar a natureza dos seus ambientes. Podem desempenhar um papel ativo no delineamento do seu futuro, especialmente quando agem em contato com outras organizações. Ambientes, então, tornam-se, em certa medida, sempre ambientes negociáveis, mais do que forças externas interdependentes.*

Aprofundando a discussão sobre a questão, pode-se entender que uma empresa é formada por diferentes grupos internos que se inter-relacionam com outros do ambiente externo e, dessa forma, constituem uma rede de relacionamentos e percepções. Ampliando ainda mais essa visão, os públicos internos são formados por pessoas que fazem parte de uma família; cada um dos componentes dessa família trabalha em outras empresas e cada um deles tem uma formação acadêmica e uma origem étnica distintas.

Cada um deles tem amigos, com hábitos sociais e integrantes de redes de relacionamento. Analisando de forma sistêmica, mas sem considerar as variáveis estatísticas e sim de ordem qualitativa, pode-se notar que a percepção de imagem organizacional pode ser ampliada a partir do nível de comunicação e principalmente relacionamentos estabelecidos entre empresa e colaboradores internos.

Os talentos humanos trazem impressões da empresa para seus familiares e amigos, ampliando a imagem e reputação da organização. Além dos bons relacionamentos e vínculos estratégicos entre empresa e colaboradores internos, a empresa pode proporcionar o vínculo de melhor relacionamento com os outros tipos de público mais íntimos aos seus colaboradores, oferecendo atividades e benefícios extensivos, como eventos voltados para filhos e familiares, bem como outros mais de caráter profissional, como uma viagem com estadia para o colaborador e toda a família a título de bônus por ele ter superado as metas de vendas do período. Esse tipo de recompensa pode, muitas vezes, proporcionar resultados melhores do que um simples acréscimo financeiro, pois além do envolvimento de seus familiares, o colaborador poderá se sentir melhor recompensado.

Por outro lado, viagens e hospedagens podem se constituir como formas de melhorar a lucratividade da empresa pela diminuição de custos, pois, por vezes, se tornam cortesias especiais dos fornecedores de serviços turísticos e de hospitalidade.

Exemplos interessantes são aqueles em que a empresa solicita que seu público interno indique um novo colaborador quando é aberta uma vaga de trabalho e o indicador desempenha uma função futura de avalista, caso a indicação seja aceita. Outro exemplo, neste caso preocupante, é quando o público interno não tem a intenção de indicar para sua rede de relacionamentos os produtos e serviços da empresa em que trabalha: ou ele não acredita no portfólio da empresa ou não considera a mesma digna de ser indicada por ele.

Nestes casos, a empresa errou em algum ponto na sua gestão de colaboradores internos e deixou passar uma grande oportunidade de transformar seu público interno em talentos disseminadores da imagem e reputação da empresa.

Considerando a Universidade de Harvard e a Universidade de Yale, podem-se perceber razões das respectivas longevidades, além da natural qualidade de ensino e educação que ajudaram a construir sua tradicionalidade como instituições de renome internacional.

Harvard, por exemplo, foi responsável pela produção de pesquisas que redundaram em teorias e metodologias específicas que passaram a ser devidamente aplicadas em IES de outros países. Além disso, foi responsável por trabalhos que propiciaram, às empresas, o domínio estratégico de seus negócios, com o Modelo das Cinco Forças de Porter, além da utilização constante e sistemática do método qualitativo do estudo de caso.

Yale, por sua vez, destaca-se, por exemplo, além da natural qualidade, pelo Programa de Iniciativa de Saúde Global (GHI, sigla derivada do nome do programa em inglês), que é um esforço multidisciplinar o qual envolve diferentes públicos, como corpo docente, discente e profissionais de diferentes áreas, no sentido de reunir e integrar a investigação global para a melhoria da saúde global.

Ambos os exemplos traduzem a necessidade das empresas não se fecharem hermeticamente em sua missão básica, apontando que o caminho é contribuir positivamente para o desenvolvimento e aplicação de seus conhecimentos nos envolvidos de sua rede de relacionamentos diretos e indiretos.

Com a teoria de Porter, aprendida nas faculdades, as empresas podem obter uma melhor gestão do ambiente onde estão inseridas e consequentemente obter melhores resultados financeiros, econômicos e sociais; o mesmo pode-se afirmar de Yale, com a inversão de papéis, em que a preocupação social pode contribuir para o desenvolvimento econômico e, consequentemente, financeiro do mundo.

Para tornar claros os conceitos discutidos, apresentamos alguns exemplos de como a responsabilidade social, ética e ambiental são importantes para que pessoas e empresas tenham uma melhor visibilidade, bem como possam assegurar a qualidade de vida da comunidade onde são efetuadas as transações:

- **Executivo que trabalham em entidades sem fins lucrativos.** Os profissionais podem optar em trabalhar no terceiro setor, de forma a ter uma primeira ou segunda atividade – o de trabalho voluntário, por exemplo –, que lhe garanta uma imagem institucional positiva. Por outro lado, o terceiro setor também pode oferecer uma série de oportunidades de trabalho que podem ser opções interessantes, como o desenvolvimento de projetos sociais. O terceiro setor envolve uma série de entidades não governamentais, que necessitam ou estão se profissionalizando de forma que seus objetivos e metas sociais se concretizem da melhor forma possível. As causas sociais perseguidas pelas **ONG's** pode ser um objeto de motivação entre os executivos. Entretanto, podem causar instabilidade financeira. Via de regra, as equipes de trabalho são menos estruturadas.

- Tempo para atividades de responsabilidade social. Muitas empresas liberam seus empregados para desenvolverem atividades sociais, no sentido de melhorar a imagem da empresa, bem como tentar promover um ambiente, um clima propício e saudável para as atividades de trabalho. Algumas até inserem tais atividades como metas específicas. Pelo lado do empregado, as atividades sociais enriquecem o discurso de conteúdos, bem como também o seu *curriculum vitae*.

- É comum empresas levantarem causas sociais e promovê-las de forma institucional, no sentido de angariar uma imagem positiva, bem como contribuir para a sociedade. Exemplos como o do dia do Big Mac da rede de *fast-food* McDonald's, campanhas de coleta de agasalhos em épocas de inverno e de coleta de alimentos são bons exemplos de atividades sociais, mesmo aquelas enquadradas como assistencialismo.

Para tornar o processo mais concreto, algumas empresas procurar contabilizar e consolidar suas práticas sociais no chamado Balanço Social. Este documento é importante para a apresentação para todos os envolvidos, inclusive os *stockholders*, como forma de prestação de contas, além do Balanço Contábil e Demonstrações Financeiras.

Entretanto, esse documento tem função social e não simplesmente mercadológica, como algumas empresas tem o hábito de utilizar.

Questões morais e éticas

A sociedade, seja ela qual for, é constituída por uma série de comportamentos. Considera-se moral como o conjunto de regras de uma sociedade que orientam o comportamento humano. Essas regras derivam de sua cultura, educação, tradição, hábitos e costumes; portanto, representam valores aceitos coletivamente, distinguindo o bem e o mal, o certo e o errado, contendo certo grau de subjetividade.

Figura XXVII – Condutas vigentes.

Fonte: O autor.

Pessoais podem ter um comportamento moral, amoral ou imoral, dependendo do ponto de vista. O amoral representa a ausência de moral e o imoral aquilo que se opõem ao que se considera correto. Como exemplo, podemos citar que um aluno pode ter um comportamento moral quando se prepara para uma prova antecipadamente e eficientemente; é amoral somente sua presença para submeter-se à mesma prova; é imoral "colar" na prova ou colocar a culpa pelo seu mau desempenho ao professor.

A ética procura fundamentar de forma mais racional e consistente as ações morais do indivíduo, enquanto na moral se busca a obediência a tais regras. Empresas esperam de seus empregados determinados tipos de comportamentos morais e éticos e um dos primeiros passos é a criação de um código de ética profissional.

Como principais objetivos, tentam eliminar a subjetividade de comportamentos para estabelecer quais deles seus colaboradores internos devem adotar para garantir a idoneidade empresarial. Por outro lado, embora o código de ética não tenha a força de lei, pode-se estabelecer padrões de punição a partir de seu descumprimento.

O código de ética deriva dos padrões de comportamento que a empresa deseja que seus empregados tenham a partir de valores criados no seu planejamento estratégico e que visam salvaguardar a imagem institucional da empresa.

A partir da revisão de seus valores, a empresa pode pesquisar o código de ética do setor profissional onde sua empresa está inserida e realizar as adaptações necessárias. Alguns itens do código de ética de empresas podem ser polêmicos e gerar conflitos com a lei. É recomendável que sua construção seja elaborada por um grupo seleto de profissionais da empresa, que sejam capazes de interpretar e analisar sob diferentes prismas, inclusive o político e legal. Segue alguns exemplos comentados:

- Invadir ou não a privacidade de seus funcionários. Empresas necessitam que seus colaboradores ofereçam a maior produtividade e salvaguardar seus recursos econômicos e matérias. Dessa forma, monitoram o que seus empregados estão fazendo no ambiente de trabalho, se realmente estão utilizando os computadores e materiais de escritório para uso profissional ou próprio. Ou mesmo, monitoram se os funcionários estão namorando.

- Competir com a própria empresa. Outras empresas do segmento financeiro declaram que não são solidários para com aqueles empregados que emprestam dinheiro a seus colegas de trabalho. Por um lado, competem indiretamente com a própria empresa, mas principalmente ferem as regras ao praticar uma atividade informalmente dentro da empresa que pode ocasionar uma ruptura na imagem dela, devendo tal prática ser evitada.

- Empresas monitoram seu público interno por meio das redes sociais. Podem ser monitoradas as opiniões e comentários que são tabulados e estabelecidos um padrão de comportamento. O problema, nesse caso, é que todos têm liberdade de expressão. Além disso, as redes sociais não fazem parte do domínio das empresas.

Por outro lado, os empregados devem constantemente monitorar seus comportamentos e atitudes, de forma a adequar os valores empresariais com os valores pessoais. De nada adianta existir um código de ética profissional se não estiverem compatíveis com os valores e atitudes pessoais, sob o risco de não haver o comprometimento necessário.

De certa forma, os profissionais representam as empresas onde desempenham as suas atividades de trabalho; portanto, dependendo da relevância do profissional na empresa, seus comportamentos e atitudes serão mais cobrados.

Em se tratando de ambientes multiculturais, a complexidade é maior em decorrência das diferenças culturais predominantes, em detrimento do país de origem onde o código de ética foi formulado.

Resumo por tópicos

- O plano de carreira individual deve ser desenvolvido de forma integrada com a empresa e o respectivo ambiente de negócios onde a empresa está inserida.
- Este plano deriva do estabelecimento da missão, visão e valores pessoais, além do diagnóstico pessoal. A partir dele será possível a definição de objetivos e metas possíveis de serem atingidas.
- O profissional deve evitar uma série de posturas como a procrastinação crônica. Por outro lado, a assertividade, a geração de resultados e qualidade de vida devem ser objetos da busca constante do profissional.
- A comunicação e negociação são competências importantes e necessárias que diferenciam o profissional.
- Fatores endógenos e exógenos influenciam nas motivações e resultados dos profissionais.
- Os profissionais devem ter a capacidade de delegar e assumir novas responsabilidades, sendo a base do *empowerment* e *employeeship*.
- Existem categorias de carreiras – operacionais, profissionais e gerenciais – que permitem uma evolução profissional. A pessoa pode identificar em que carreira está localizada e desenvolver as estratégias mais pertinentes.
- As gerações – tradicionais, *baby boomer*, geração x e y – têm influenciado o consumo e nas estratégias de gestão de pessoas, uma vez que apresentam características e personalidades diferentes.
- O planejamento pessoal e profissional deriva de projetos que devem ser formalizados no sentido de obter de forma consciente as metas e resultados esperados.
- A educação continuada é uma das formas de o profissional obter conteúdos significativos e destaque competitivo profissional.
- O ambiente internacional possibilita oportunidades de crescimento, tendo de estar devidamente alinhadas às práticas da gerência multicultural.
- Empreendedorismo, inovação e criatividade são competências cada vez mais requisitadas pelas empresas, em que o profissional deve estar alinhado a esta realidade e comprovar possuir tais competências.
- A responsabilidade social e a ética devem ser parte integrante dos propósitos das empresas.
- Discutir e exemplificar práticas que podem tornar a empresa mais visível perante o mercado.

Glossário – Unidade 3

Adaptabilidade – refere-se à capacidade de adaptação do indivíduo aos desafios internos e principalmente externos à empresa, tratando-se, então, de ação e reação positiva.

Ameaça externa – força ambiental que podem influenciar negativamente a posição estratégica da empresa.

CHA – junção das qualidades oriundas do conhecimento, habilidade e atitude.

Comunicação – Processo e técnica de transmissão e recebimento de ideias, conceitos, mensagens, para troca de informações, instruções e afins, que na empresa serve de ferramenta estratégica para o atingimento dos resultados.

Emissor – aquele que transmite a mensagem.

Employeeship – capacidade do profissional receber novas funções e responsabilidades, no sentido de contribuir para a descentralização do processo decisório, de forma a tornar as ações e atividades mais integradas.

Executivo de organizações sem fins lucrativos – executivos podem optar por trabalhar no terceiro setor, em organizações sem fins lucrativos, de forma a ter uma atividade que lhe garanta uma imagem institucional positiva.

Foco – ponto central estabelecido pelo profissional, a partir de suas habilidades e competências, em que ele concentra seus recursos e, principalmente, esforços, atenção e energia que o ajudarão a movimentar sua carreira.

Inovação – melhorias em produtos e serviços existentes – ou mesmo novos produtos e serviços – que ocorrem no cotidiano pessoal e empresarial.

Moral – conjunto de regras de conduta de um grupo social ou mesmo da sociedade como um todo, cujo objetivo é orientar o comportamento humano.

ONG (organização não governamental) – são organizações sem fins lucrativos criadas com a finalidade lutar voluntariamente em defesa de uma causa.

Oportunidade – força incontrolável que influencia a posição estratégica das entidades envolvidas.

PIB (produto interno bruto) – saldo de bens e serviços realizados por um país por certo período de tempo.

Receptor – aquele que recebe a mensagem.

Ruído – é a interferência que ocorre no processo de comunicação e que pode modificar os resultados esperados com a emissão da mensagem.

Sistema de informação em Recursos Humanos – É o sistema que possibilita a coleta, processamento, produção e distribuição de relatórios gerenciais que possibilite a aplicação pontual e efetiva nos problemas diários de recursos humanos de uma empresa.

Stakeholder (público estratégico) – compreende todos os envolvidos em um processo, que pode ser de caráter temporário (como um projeto) ou duradouro (como o negócio de uma empresa ou a missão de uma organização).

Sucessão – processo gerencial que procura sistematizar a promoção de profissionais para cargos de maior responsabilidade. Essa sistematização envolve a identificação de colaboradores internos, bem como a capacitação necessária, por meio de treinamento, *coaching* ou *mentoring*.

TI (tecnologia da informação) – é a área responsável pela gestão da informação através da operação e armazenamento de dados inseridos em dispositivos e equipamentos para acesso aos dados.

Vocação – aptidão que a pessoa tem e que faz com ela realize determinadas atividades ou desempenhe funções de forma mais ágil e melhor do que os outros.

UNIDADE 4
NOVOS RUMOS DA GESTÃO DE PESSOAS

Capítulo 1 Novos Paradigmas na Gestão de Pessoas, 146

  Objetivos de aprendizagem, 146

  A longevidade das empresas depende da qualidade de seus talentos humanos, 146

  Formas de desenvolvimento de carreiras, 147

  Treinamento, 148

  Outras formas de capacitação e aceleração de carreira, 150

  Experiências internacionais, 153

  A expatriação como necessidade corporativa, 158

  Novas formas de remuneração e benefícios, 161

  Mudanças nas formas de Gestão de Pessoas, 161

  Panorama, 164

  Resumo por tópicos, 165

Capítulo 2 Conclusões, 165

Glossário Unidade 4, 167

1. Novos Paradigmas na Gestão de Pessoas

Esta unidade procura desenvolver o plano de sucessão, sua governança nas empresas, bem como formas e instrumentos de aceleração da carreira profissional. Ela também contextualiza a necessidade das empresas em promover sua longevidade por meio de estratégias de recursos humanos associadas às questões pessoais e sociais. Discutirá, também, a função da gestão de pessoas para os próximos anos.

Objetivos de aprendizagem:

- Conceituar e discutir as formas de capacitação, bem como instigar outras possibilidades de aprimoramento de pessoal.
- Discutir os novos paradigmas relacionados à gestão, carreira, remuneração e valorização de pessoas, dentro de uma perspectiva global.

A longevidade das empresas depende da qualidade de seus talentos humanos

Um dos produtos mais importantes da área de Gestão de Pessoas é o plano de sucessão. A longevidade das empresas depende, essencialmente, de sua capacidade em atender as necessidades de mercado, bem como se adaptar às mudanças e transformações. Esse atendimento não deve ser o simples reflexo do ambiente externo à empresa, mas de constantes desafios que esta se propõe solucionar.

Muitas instituições, como a Igreja Católica, as Forças Armadas e a Organização das Nações Unidas (ONU) permanecem, por séculos, na sociedade. Pode-se citar, ainda, a Universidade de Harvard (1636), Universidade de Yale (1701) e o banco mais antigo do mundo, o italiano *Monti dei Paschi di Siena* (1472), como exemplos de grande longevidade. Muitas são as razões pelas quais as empresas podem ter um longo ciclo de vida, como descendência familiar, mercados estáveis e outras particularidades que serão estudadas neste trabalho.

De acordo com Adizes (1988), a organização deve ter a capacidade de ser eficaz e eficiente no curto e longo prazo, sendo relevante o que ela foi e o que será. Nessa ótica, cada oportunidade ou problema acarretará uma mudança que conduzirá a novos cenários e oportunidades. O pensamento de longo prazo, por sua vez, deve contemplar toda a vida da empresa, possibilitando a implantação do planejamento estratégico e consequente gestão de recursos.

Seguindo, ainda, esse raciocínio, a presciência (conhecimento do que ainda virá) é um dos itens mais importante dentro do pensamento de longo prazo, o qual deve levar em conta, também, a determinação ao alcance de objetivos e metas e a constância, características essas importantes para a continuidade dos negócios das empresas.

Dentro desse processo, temos os talentos humanos organizacionais. Esses profissionais tem um ciclo de vida na empresa, bem como de carreira individual, o que leva a empresa em se preocupar com a gestão de seu público interno. Essa gestão leva em consideração, entre outros fatores, a sucessão de profissionais, o que garantirá que empresa continue a ter a estrutura ideal para atingir seus objetivos estratégicos. Além de premiar seus colaboradores internos a partir da avaliação de desempenho, as companhias devem promover ações motivacionais.

Formas de desenvolvimento de carreiras

A **empresabilidade** pode ser definida como a capacidade de a empresa utilizar as habilidades e competências de seu público interno. Como a empresa é formada por pessoas com características distintas e em diferentes fases do ciclo de vida profissional, algumas respostas deverão ser obtidas:

- O que motiva ou desmotiva seus empregados?
- Quais aspectos motivacionais a empresa está utilizando?
- O sistema de avaliação de desempenho está adequado ao público-alvo?
- O programa de valorização e benefícios está adequado ao mercado?
- Como capacitar os empregados de modo a se tornarem verdadeiros talentos humanos?

Empresas e profissionais percebem o ambiente de forma diferenciada, em razão de sua visão de mundo construída a partir de suas experiências.

Figura XXVIII – Visão sistêmica do ambiente.

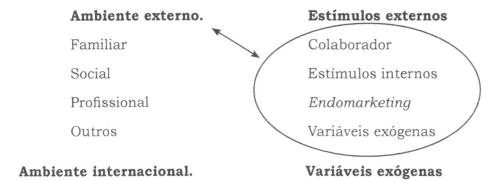

Fonte: O autor.

Essas experiências nem sempre estão adequadas ao mercado, bem como devidamente alinhadas ao perfil estratégico das empresas. Neste aspecto, é fundamental utilizar ferramentas e práticas de capacitação no sentido de aperfeiçoar, instrumentalizar e até potencializar seus colaboradores internos. Neste ponto, serão abordados o treinamento corporativo, o **coaching**, o **mentoring** e a reflexão sobre a necessidade de haver outras formas de capacitação e potencialização.

Treinamento

O treinamento pode ser definido como uma atividade de responsabilidade da empresa que visa modificar o comportamento de colaboradores, no sentido de formar e aperfeiçoar os comportamentos adequados, bem como corrigi-los se forem inadequados às atividades e funções propostas.

Em linhas gerais, o treinamento facilita a ambientação de novos funcionários ao ambiente profissional, e o desenvolvimento interno, de acordo com as funções e a padronização de procedimentos. Como ferramenta de uso sistêmico, ele necessita de acompanhamento do processo e dos treinandos, no sentido de monitorar seus resultados, tal como a correção de possíveis falhas que possam ocorrer.

Para medir os resultados, pode ser efetuada a avaliação aberta ou dirigida do treinamento, onde o treinando participa de um exame escrito ou oral, em que pode opinar sobre conteúdos e procedimentos. O *feedback* do treinamento pode ser obtido pela aplicação de seus conteúdos em atividades práticas, utilizando a avaliação de resultados do treinamento.

O treinamento é uma das formas mais tradicionais de capacitação que as empresas disponibilizam a seus empregados para obter um padrão de trabalho necessário ao bom desempenho.

Coaching

O termo é amplamente utilizado em atividades esportivas e consiste na presença de um treinador que é responsável pela motivação e resultados do seu grupo de jogadores. O vocábulo remodelado surgiu nas universidades norte-americanas, onde um tutor acompanhava e preparava, de forma mais particularizada, um grupo de alunos, a fim de aprimorar a carreira acadêmica.

No mundo corporativo, se tornou uma atividade que visa à formação e evolução profissional, no sentido de capacitar colaboradores de uma empresa, sendo uma ferramenta de responsabilidade da área de Gestão de Pessoas e, também, do próprio profissional. Atualmente, é comum a presença de empresas especializadas em consultoria de *coaching* a companhias interessadas.

O *coaching* envolve a presença de um instrutor (*coach*) e do cliente (*coachee*). Ele tem como objetivos empresariais:

- Maximizar o potencial individual, buscando efetuar o diagnóstico e apresentar um plano pessoal e profissional que torne o processo de *coaching* concreto e dentro das capacidades de cada colaborador.
- Motivar, de forma a atingir seus objetivos com qualidade, a partir de técnicas que visam instigar, de modo endógeno, as ações de clientes dentro da perspectiva profissional.
- Ensinar novas técnicas que facilitem o aprendizado contínuo, objetivando propiciar o autodesenvolvimento, e
- Trazer mais resultados para a empresa, ou para o desenvolvimento do próprio trabalho, configurando num acompanhamento mais focado, de acordo com as necessidades das responsabilidades do cargo.

O *coaching* tem sido aplicado pelo mercado mais frequentemente nas seguintes modalidades:

- *Coaching* pessoal envolve o acompanhamento da vida pessoal e respectivos relacionamentos, onde a aplicação é por demais ampla e, dessa forma, necessita que objetivos e metas sejam bem definidos.
- O *coaching* profissional é o processo por meio do qual são aplicadas metodologias e técnicas específicas e o acompanhamento e desenvolvimento do processo é realizado por profissional qualificado, sendo o principal alvo a potencialização do cliente frente às necessidades do mercado profissional. Os investimentos desta modalidade e da anterior são de responsabilidade do colaborador.
- O *coaching* empresarial é aquele que está integrado à empresa e que visa à adequação e potenciação de competências do profissional para o exercício do respectivo cargo de gestão.
- *Coaching* de liderança, um dos mais requisitados, é aquele em que, a partir do reconhecimento das potencialidades individuais, procura-se o desenvolvimento de competências relacionadas ao trabalho em grupo e às diferentes formas de obtenção de liderança empresarial.

A prática do *coaching* difere da do treinamento, em relação ao público e objetivos. Enquanto o treinamento visa toda a empresa, independente do cargo e função, e tem por objetivo obter um padrão de qualidade de trabalho geralmente relacionado ao processo de "como fazer", o *coaching* tem como público profissionais de cargos com maiores responsabilidades e que visam, no menor tempo possível, à capacitação e potencialização de suas habilidades.

Mentoring

O termo pode ser definido como uma ferramenta de desenvolvimento profissional, em que uma pessoa mais experiente (mentor) ajuda outra menos experiente (**aprendiz**) e, em grande maioria, mais jovem. Esse mentor é um conselheiro que tem vasta experiência profissional no campo de trabalho em que o aprendiz está se inserindo.

O termo aprendiz não deve ser utilizado como comumente o é pelo mercado, denotando o aprendizado de funções mais operacionais e até manuais, como o caso de artesãos. O termo codifica a relação mais profunda entre quem ensina e quem que, com respeito, recebe os ensinamentos.

A prática do *mentoring* é de responsabilidade da área de Gestão de Pessoas, embora em alguns casos seja necessária a incorporação de consultoria externa, pois nem sempre aqueles que possuem uma boa experiência profissional ou uma sólida experiência detêm conhecimentos técnicos suficientes para conduzir o processo ou até mesmo tempo necessário para que tal ocorra de forma efetiva, com o alcance dos resultados esperados.

O processo de *mentoring* é importante por facilitar o processo de sucessão em empresas, transferindo conhecimentos e competências necessárias para o novo gestor. A condução por um profissional mais experiente e qualificado significa que muitos conhecimentos e conteúdos que seriam apreendidos no processo de experiência regular, podem ser internalizados de forma mais eficaz, conduzindo, por conseguinte, a empresa a patamares mais inovadores, criativos e competitivos, com maior rapidez.

Embora sejam atividades similares, *mentoring* difere do *coaching* em decorrência da formação do responsável e do público envolvido. Enquanto algumas modalidades de *coaching* não necessitam de experiência tão focada, o mentor precisa contar com vasta experiência não só profissional, mas também de vida, ambas associadas a cargo de responsabilidade na empresa. Outro fator é o foco, que está diretamente relacionado a um cargo de responsabilidade e confiança.

Outras formas de capacitação e aceleração de carreira

A empresa deve procurar novas formas para despertar o potencial humano. As formas tradicionais de capacitação procuram aperfeiçoar os empregados sob a visão da empresa, do que ela considera como sendo o correto. Entre os desafios da área de Gestão de Pessoas, um dos maiores é a descoberta de programas de visem esse aperfeiçoamento, tal como do estímulo para que estes contribuam com novas propostas, instigando novas capacidades, habilidades e competências.

Uma das formas de capacitação é a possibilidade de vivência experimental, que visa submeter os participantes a situações reais e que procura o desenvolvimento de competências cognitivas que auxiliem no processo decisório. Em IES, é frequente a aplicação de estudos de caso que visam contextualizar a prática com os pressupostos teóricos, existindo uma metodologia e uma série de técnicas que permitam com que o processo se concretize.

Numa visão integrada, todos são responsáveis pelos resultados e pela gestão de seus respectivos processos. Um ponto a considerar é a necessidade estrutural e filosófica de incorporar a pedagogia empresarial em todos os processos da empresa e, como o foco é o público interno, as experiências individuais e coletivas podem ser consideradas como verdadeiros patrimônios corporativos.

Figura XXIX – Dimensões estruturais do processo de aprendizagem vivencial.

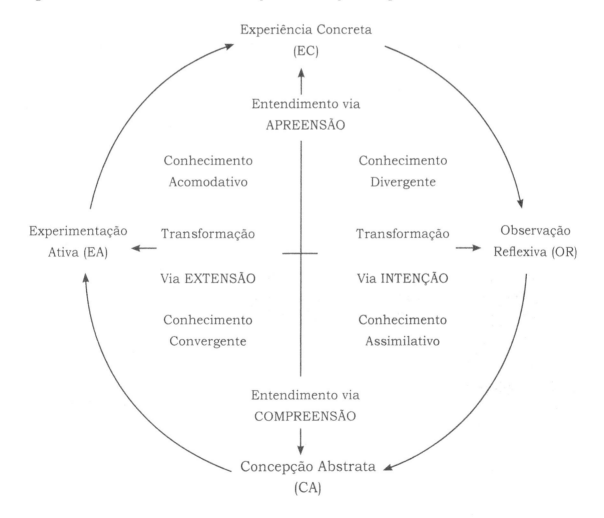

Fonte: Kolb (Apud Cridal, 2003, p. 40).

Essa realidade está diretamente relacionada aos conhecimentos e habilidades pertinentes a cada profissional e como a empresa e o meio em que convivem podem influenciar os resultados dessa relação. O modelo apresentado na Figura 30, desenvolvida por Kolb e apresentada por Cridal, valoriza o ambiente como meio de troca de experiências.

As pessoas têm experiências distintas a partir de sua formação acadêmica, relações familiares, profissionais e sociais, que permitem uma visão única de mundo oriunda de suas interpretações. Por consequência, a motivação endógena é de responsabilidade do colaborador, que deve procurar formas de aprimorar os conhecimentos e conteúdos necessários à sua realização profissional.

Por outro lado, a partir do planejamento estratégico, de seu posicionamento e cultura corporativa, devidamente declarados em sua missão e visão, a empresa deverá identificar, selecionar e manter seus talentos organizacionais alinhados às suas estratégias de crescimento, moldando-os e motivando-os para incorporar suas diretrizes e filosofias, com a intenção de facilitar as motivações exógenas de seu quadro de colaboradores internos.

A aprendizagem, então, ocorrerá em dois níveis: o pessoal e o corporativo, sendo este último realizado com base na estrutura e recursos necessários à incorporação das competências requeridas, inclusive as de ordem cultural. Este processo demanda uma aprendizagem contínua e não deve se basear somente em técnicas teóricas tradicionais de ensino e educação corporativa. Deve incluir, também, práticas inovadoras que façam a diferença entre o saber e o conhecimento. Essa visão relaciona-se diretamente aos pressupostos da aprendizagem ativa, de forma a incorporar novos conteúdos que agreguem a vivência dos profissionais.

Essa aprendizagem ativa e monitorada é plenamente justificada, pois a cultura organizacional é um fenômeno intangível que traz a identidade do coletivo pertencente a uma região específica e que requer o acompanhamento do desenvolvimento dos talentos organizacionais e dos resultados dos negócios.

Essa aprendizagem ativa pode ser evidenciada, por exemplo, com as vivências individuais e de grupo, onde mais e mais empresas buscarão maneiras de enriquecer tais experiências, de forma a democratizá-

-las, repeti-las e aperfeiçoá-las. Executivos que participam de experiências específicas, que viajam em busca de oportunidades e participam de eventos e congressos, são convidados pela própria empresa para palestrar aos colegas de trabalho, ampliando seu fórum de discussões. A prática, além da disseminação de conhecimento, possibilita que outros procurem por experiências equivalentes, no intuito de igualar sua posição ao *status* do palestrante.

Experiências internacionais

O processo de desenvolvimento e sucessão de carreiras não se restringe, somente, ao trabalho desenvolvido no país onde a empresa está sediada. Cada vez mais empresas têm procurado, no mercado internacional, colaboradores que possam integrar seu quadro, enviando, igualmente, seus colaboradores internos além-mar.

Pensando de forma direta, o ensino superior tem contribuído para o desenvolvimento de países e nações por meio da participação econômica e social a partir de suas necessidades internas. O desenvolvimento de cursos e intercâmbios que possibilitam a transferência de capital humano para especialização ou ambientação em filiais, quando a empresa possui segmento multinacional, é um meio de internacionalização das companhias, o que viabiliza a possibilidade da propagação de conhecimento. Essa expansão internacional de empresas pode ser uma das principais comprovações da contribuição do ensino superior.

Figura XXX – Uma divisão geográfica do trabalho simples: centro e periferia na economia global.

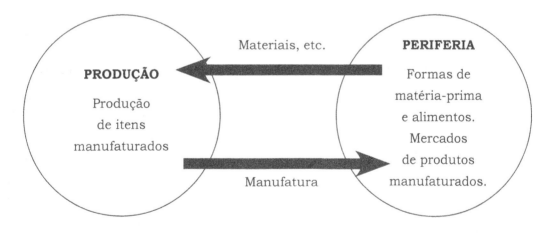

Fonte: Adaptado de Dickens (2007, p. 57).

Essa expansão internacional não é uma via de mão única. Parte da premissa de que as empresas, independentemente de sua origem, procuram a expansão internacional e se relacionam com outros países, comprando insumos, matérias-primas e produtos acabados para atenderem suas diferentes necessidades corporativas. Conforme Dickens (2007, p. 52):

> *(...) as antigas geografias de produção, distribuição e consumo estão sendo continuamente afetadas, e que novas geografias estão continuamente sendo criadas. Quanto a esse aspecto, o mapa da economia global está sempre em um estado de 'vir a ser'; nunca é finalizado. Mas o novo não aniquila simplesmente o velho. Pelo contrário, há processos complexos de dependência de trajetórias no trabalho. O que já existe constitui as pré-condições a partir das quais o novo se desenvolve. O mapa da economia global é, portanto, o resultado de um longo período de evolução, durante o qual as estruturas e os relacionamentos de um período histórico a formar as estruturas e os relacionamentos dos períodos subsequentes.*

Essa realidade atende à primeira proposição de Uppsala, onde a internacionalização pode ser um processo gradual, na qual as diferentes estratégias de entrada e operação em mercados internacionais, como a exportação direta, por exemplo, podem ser utilizadas. Por outro lado, nem sempre atende à segunda proposição de Uppsala, cujo pensamento sugere que deva haver uma distância psíquica entre o país de origem e o país de destino. Oliveira Júnior (2007, p. 223) afirma, a partir de análise de diferentes autores, de que a

> *(...) transferência de melhores práticas (best practices) são processos internos às empresas que possuem alta performance. Práticas referem-se às rotinas do conhecimento que na maioria das vezes possuem componentes tácitos, embutidos parte em habilidades individuais e parte em habilidades de grupos de trabalho (Nelson; Winter, 1982; Kogut; Zander, 1992).*

A palavra *transferir* é utilizada no sentido de "difundir o conhecimento". Para isso, as organizações precisam estar em perfeita sintonia. Transferir não é um

processo gradual de disseminação. Seu sucesso depende muito das características dos envolvidos. Por esse motivo, a capacidade de absorção do receptor deve ser largamente alinhada à do transmissor, para que não ocorram problemas no momento da transferência (Szulanski, 1996).

Nem sempre está diretamente relacionado às questões voltadas para o conhecimento, em que pode ocorrer tanto o desenvolvimento específico doméstico, como a incorporação em patamar internacional. Investimentos externos e prioridades industriais podem influenciar nessa relação de equilíbrio. Para que a internacionalização de empresas ocorra de fato, é necessário que a organização e suas ramificações tenham uma gestão de pessoas e conhecimento estruturada.

A Índia, por exemplo, é uma das maiores exportadoras de tecnologia da informação e *softwares*, embora alicerçada numa economia altamente emergente. Masiero (2007, p. 156):

> *A concepção e evolução das teorias administrativas aconteceram no Ocidente. Nenhuma teoria foi claramente formulada no Japão; entretanto, algumas práticas criadas naquele país podem ser contrastadas com os modelos ocidentais. Nos últimos anos, essas práticas têm sido estudadas extensiva e intensivamente tanto dentro como fora do Japão. Isso tem acontecido em função do aumento do interesse em se descobrir as razões do rápido crescimento japonês no período imediatamente posterior à Segunda Grande Guerra, que levou o país a fazer parte do ranking das superpotências.*

Embora o Japão tenha estudado e incorporado as teorias administrativas, não se pode afirmar categoricamente que suas aplicações sejam semelhantes às praticadas no Ocidente. É evidente as diferenças significativas nos processos e, consequentemente, nos resultados, se avaliarmos a aplicação das teorias administrativas no mercado chinês.

Esse processo é dinâmico e cada país ou região apresenta core competences específicas, de acordo com suas características estruturais, bem como resultante de suas políticas industriais e políticas governamentais. Os produtos se movimentam por conta das necessidades de países, de seu capital humano e intelectual. Elas trazem riquezas e, consequentemente, alicerces mais sólidos para que as empresas se internacionalizem. Países não podem ser reduzidos somente às pessoas ou entidades e instituições: um importante elemento de se avaliar seu desenvolvimento e crescimento é o quanto as empresas geram em negócios internacionais.

Amatucci (2000) apresenta as competências de formação mundiais do administrador e suas determinantes, categorizando-as como competências de formação em capacidades, atitudes e conhecimentos, em detrimento dos fatores determinantes mundiais, como o crescimento turbulento e complexo, as relações organizacionais, a estrutura das organizações, os vínculos, os processos e a educação. Esses fatores ajudam a moldar e fazer evoluir as competências, amadurecendo a empresa e seus modelos de gestão estratégica.

Figura XXXI – Fatores determinantes mundiais vs. capacidades, atitudes e conhecimentos.

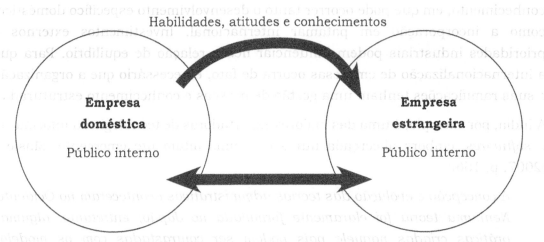

Mercados turbulentos, distintos em crescimento, relações organizacionais, estrutura das organizações, vínculos, processos e educação.

Fonte: interpretado a partir de Amatucci (2000).

Os conhecimentos não podem ser considerados como definitivos e sim agregados em função de uma busca contínua, sem um fim especificado, e que podem ser conquistados por meios acadêmicos, empresariais e pessoais. Cabe identificar quais os melhores meios de obtê-las. Em geral, as empresas podem recrutar seus colaboradores internos a partir de programas sólidos de seleção e provê-los com diferentes programas de desenvolvimento profissional, envolvendo treinamento, *coaching* e *mentoring*, por exemplo.

As habilidades podem ser conceituadas como a utilização dos conhecimentos individuais para resolver problemas e igualmente para a criação de novas ideias. Em muitos casos, considera-se como a capacidade de fazer algo e geralmente está relacionada aos processos de uma empresa.

Já a atitude é a postura adotada frente à determinada situação, podendo envolver questões éticas, morais pessoais e corporativas. Esses três elementos compõem o que se considera como competência humana.

Empresas que tenham o objetivo de diagnosticar e indicar mudanças no perfil de seu quadro de colaboradores podem construir um *check-list* de perguntas que possam identificar, pelas respostas, os diferentes perfis internos e modulá-los de acordo com as necessidades imperantes. Trata-se de um processo formal, mas que necessita de uma dinâmica de retroalimentação que permita identificar desvios, tal qual a implantação de novas ideias e soluções. As competências podem ser categorizadas como de formação e individuais:

- As competências de formação levam em consideração aquelas em que o profissional e a empresa podem ter o controle sobre a formação e consolidação a partir de técnicas de aprendizagem. Considera-se como um referencial para aqueles que desejam competir de forma significativa em mercados internacionais. Em contraponto, o mercado internacional apresenta uma dinâmica que altera e transforma cenários de forma muito rápida, além da realidade de que todos os mercados têm características e particularidades que devem ser devidamente identificadas, mensuradas, analisadas e aplicadas de acordo.

- As competências individuais evoluem constantemente a partir dos diversos desafios enfrentados. Trabalhar em mercados internacionais turbulentos e os anseios em saber aproveitar bem as possibilidades de novas experiências e responsabilidades podem agregar ao colaborador transformações significativas em seu perfil profissional. Saber aplicar e se posicionar diante de situações diversas melhora o nível desse profissional.

No geral, a expatriação por meio do acesso a novos mercados e experiências propicia ao profissional um incremento intelectual importante que é transmitido para os outros colaboradores e, consequentemente, para a empresa; empresas incorporam os conhecimentos em suas estratégias no sentido de obterem melhores resultados; o ambiente competitivo amplia os resultados desses conhecimentos, repetindo ações e fazendo com que haja melhorias setoriais significativas e, com isso, os ganhos advindos da internacionalização se tornam evidentes e passam de simples resultados econômicos para consequências sociais importantes.

Em síntese, o transitar na diversidade cultural internacional significa dizer que o profissional estará, realmente, locomovendo-se dentro de uma grande avenida movimentada, com diferentes veículos e em direções e sentidos diversificados. O importante é chegar ao destino da melhor forma possível, pela via mais rápida, obtendo inclusive os melhores resultados empregando menos recursos. Embora haja o tráfego intenso, o condutor deve ser o responsável em dar a cadência da velocidade.

A expatriação como necessidade corporativa

Inicialmente, a empresa deve ter as competências e recursos necessários para ingressar, com sucesso, no mercado internacional. Ela parte de um diagnóstico bem elaborado, evidenciando seus pontos fortes, fracos, ameaças e oportunidades do ambiente em que a empresa está inserida, bem como do mercado onde ela operacionalizará seus negócios.

A introdução de novas unidades em mercados internacionais pode ser conduzida por consultoria localizada no país destino, ter a participação de executivos na gestão direta da nova unidade internacional ou contar com a contribuição de colaboradores do país de origem da empresa. Nesta terceira alternativa, a empresa entende que pode ter um maior controle sobre as diferentes etapas de internacionalização, centralizando, de certa forma, o processo decisório. Além disso, esses colaboradores já possuem vínculo e identificação com a empresa, seus valores, produtos e serviços, tornando sua relação mais comprometida.

A **expatriação** de profissionais passou a ser uma constante a partir dos anos 2000. Não existem dados oficiais de expatriação no Brasil, pois ela depende das estratégias personalizadas de cada empresa. Por essa razão, não existe interesse na divulgação, por parte das companhias; porém, tem-se percebido, desde então, uma grande procura por serviços de consultoria com a finalidade de assessorar

empresas a levarem seu grupo de colaboradores internos além-mar. Além disso, viagens internacionais e de negócios variam quanto ao seu tempo de execução; já as relacionadas à expatriação, levam em consideração um tempo maior de permanência, significando residir e conviver em outra sociedade.

A expatriação não é um processo isolado, muito pelo contrário: ela depende de outras ações das empresas. Setorizado nas estratégias de internacionalização clássicas, as empresas podem optar por diferentes ações que redundariam na necessidade de ter um corpo de colaboradores no país destino.

As estratégias de entrada e operação em mercados internacionais tornam a estrutura da empresa mais complexa, uma vez que esta deverá atender o mercado internacional com um grupo de colaboradores internos e outro, com externos.

De maneira geral, quando a empresa seleciona as estratégias de exportação indireta e direta, preconiza-se o aprimoramento de seus colaboradores no país; já quando as estratégias envolvem, por exemplo, as aquisições e investimento direto, apregoa-se que a empresa deverá ter a colaboração interna, tornando-se uma oportunidade de transferência para aqueles que possuem as competências necessárias.

A expatriação de profissionais pode derivar de várias razões, além das relacionadas às estratégias pontuais de entrada e operação em mercados internacionais, contextualizando-se com necessidades racionais e até emocionais:

- Pode ser derivada das próprias necessidades da empresa ou do mercado onde ela desenvolve suas atividades, sendo práxis normal o deslocamento de profissionais para outros ambientes internacionais. Empresas que trabalham com comércio exterior e comércio e *marketing* internacional frequentemente necessitam que seus profissionais obtenham resultados comerciais a partir da negociação além-mar.

- As empresas, conforme suas necessidades de crescimento, podem optar pela internacionalização de seus negócios e, dessa forma, ampliar sua malha de colaboradores internos e externos, aprofundando sua capacidade de gestão estratégica. Por vezes, a ampliação de filiais em outros mercados é gerada a partir da participação de colaboradores de confiança, que permitem a descentralização do poder de forma mais segura (pelo menos sob o ponto de vista do gestor principal).

- Oportunidades de mercados em setores econômicos diferentes podem ser razões da expatriação de profissionais, em que geralmente é apontado um profissional de destaque para pesquisar, analisar, avaliar e iniciar o processo de obtenção de novos negócios.

- Por vezes, os proprietários das empresas desejam a internacionalização por razões pessoais e emocionais, obtendo o *status* decorrente a realização dessa empreitada.

Alguns autores evidenciam uma visão mais "romântica" sobre o processo de expansão para mercados internacionais, mas em geral todas as empresas procuram obter melhores resultados comerciais. Conforme Nunes, Vasconcelos e Jaussaud (2008, p. XVI)

> *"... a expatriação pode ser vista como uma estratégia ligada a um modelo de gestão de pessoas que visa desenvolver nos executivos e gerentes da organização competências próprias ao chamado executivo 'global'".*

Com o monitoramento das constantes viagens e experiências internacionais, a empresa – desde que tenha uma boa memória competitiva – poderá melhorar seu conteúdo humano e, consequentemente, sua qualidade de gestão de negócios internacionais, influenciando o nível de resultados. Este ambiente pode incentivar a criatividade, o empreendedorismo e mesmo a inovação, pois os expatriados ganham autonomia em suas ações e tem uma nova visão de mundo, principalmente sob o ponto de vista do negócio.

A mobilidade internacional está diretamente relacionada aos grupos de estratégias – local, central e global, sendo esta última o foco de nosso estudo. Empresas locais têm o seu foco principal no mercado doméstico e a central, embora com possibilidades de operações internacionais, mantém o controle de sua gestão na casa matriz. Conforme os autores, quanto maior o escopo estratégico, maior é a necessidade de o profissional ter a facilidade na sua adaptação intercultural, diminuindo gradativamente a importância, dependendo dos objetivos de desenvolvimento ou mesmo de ordem técnica.

O maior desafio das empresas é operacionalizar suas ações de crescimento com a evolução de seu capital humano a partir da agregação de novos conhecimentos e experiências. Torna-se muito reducionista categorizar os profissionais como executivos domésticos e executivos internacionais, ou mesmo globais. O perfil do profissional pode diferir pelos conteúdos específicos a serem aplicados em determinadas situações, mas existem conteúdos gerais, ou mesmo operacionais e técnicos, que podem ser aplicados em outras situações e ambientes. Caso contrário, a presença do profissional categorizado no âmbito internacional só terá valia em processos de expansão corporativa internacional.

Novas formas de remuneração e benefícios

As formas tradicionais de remuneração servem os modelos de empresas existentes e para manter grande parte do público interno. Entretanto, as empresas, na busca da excelência organizacional, podem ser constituídas por grupos diferentes de empregados que necessitam de programas de valoração diferentes, em virtude de sua formação, experiência, desempenho e resultados. Como vimos, a empresa também ser influenciada pelo mercado internacional.

Dessa forma, as empresas devem flexíveis para que novas formas inovadoras e, até criativas, possam ser incorporadas, tornando-se benéficas e motivadoras, propiciando assim maior produtividade.

Empresas em dificuldades financeiras ou mesmo que não possuem recursos financeiros que possibilitem o crescimento contínuo e sustentado, podem compartilhar seus futuros lucros com investidores que podem ser os próprios funcionários.

Por outro lado, empresas em processos de crescimento necessitam de novos cargos e funções, o que pode justificar a criação de novas faixas de remuneração e benefícios. Além disso, empresas em fase de internacionalização podem, e devem, oferecer benefícios adicionais aos seus expatriados, referentes à estadia, alimentação, auxílio-escola para os filhos e assim por diante. Em síntese, as formas de remuneração e benefícios vão se ajustando de acordo com o mercado e as necessidades das empresas e empregados; porém, da mesma forma que os programas de capacitação, elas estão em constante processo de melhoria.

Mudanças nas formas de Gestão de Pessoas

Existe uma série de sistemas de avaliação de desempenho e que possibilitam outra série de indicadores que privilegiam itens como produtividade, desempenho, cumprimentos de metas, entre outros pontos que visam dar suporte à tomada de decisão, frente ao seu público interno.

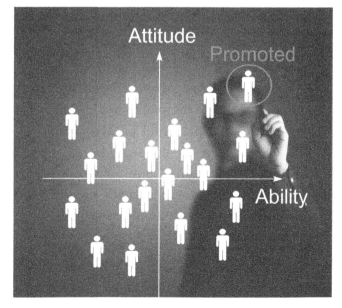

Embora nem todas essas empresas utilizem tais sistemas e, consequentemente, não possuam dados, informações e indicadores mais concretos, existe a necessidade de repensar o que pode ser realizado e conhecido em gestão de pessoas e descobrir novas formas de acelerar a carreira, avaliar o colaborador e valorizá-lo de acordo.

Os sistemas de avaliação de desempenho estão sendo devidamente testados pelas empresas e readaptados a partir da necessidade de se ter um método avaliativo mais próximo da realidade de cada companhia, e que busquem o melhor resultado para ambas as partes.

O que se preconiza para o futuro é a busca de um sistema de avaliação que procure uma maior participação do efetivo humano e a democratização das ações da empresa. Essa realidade pode ser conquistada a partir de uma mudança no pensar dos dirigentes das companhias e, também, da área de Gestão de Pessoas. Pode-se citar determinadas ações que podem iniciar esse processo de mudanças:

- Tornar claro para toda a organização de que a empresa procura novos rumos para se diferenciar no mercado e obter a vantagem competitiva. Mais do que simplesmente informar, a empresa deve internalizar o conceito junto aos seus colaboradores, por meio de comunicação planejada e eventos que sensibilizem esse novo norteamento.

- Apresentar valores e defendê-los de forma a torná-los mais institucionais. Transformá-los em objetivos e metas de forma que seus empregados possam perceber efetivamente onde a empresa deverá estar no futuro e, dessa forma, contribuir de forma mais significativa para o alcance dos objetivos dela.

- Integrar e motivar seu público interno com todas as ações e técnicas necessárias para que realmente haja a movimentação integrada para o futuro esperado. Essa integração deve ser obtida a partir de diferentes formas, como os próprios eventos já mencionados, cursos, treinamentos, programas de conscientização.

- Para que a administração participativa e democrática se apresente de forma real aos profissionais, devem-se implantar as reuniões em que estes possam tomar conhecimento da situação da empresa, do mercado e do ambiente de negócios, de forma a entender a situação e os cenários nos quais a empresa está inserida.

- Participar das principais decisões da empresa, bem como das estratégias a serem definidas. Essa participação não deve ser uma posição idêntica a de acionistas, para os quais a principal preocupação é onde foram investidos os recursos e qual o retorno a ser conseguido. A premissa é a de que a participação deva envolver outros fatores que tornem a empresa mais contributiva ao ambiente onde está inserida, como ações administrativas gerenciais, bem como aquelas relacionadas à responsabilidade social.

Outro ponto relevante é o aprofundamento do sistema de avaliação de desempenho por competências. Com os estudos e as experiências de utilização de habilidades e competências, as empresas tendem a aperfeiçoar os controles e principalmente as formas de interpretação e análise das competências e descobrir como elas podem ser revertidas em resultados tangíveis para a empresa.

Como o mercado é um conjunto de empresas com forças que tentam conquistá-lo, a área de Gestão de Pessoas e os profissionais devem procurar o equilíbrio e a superação competitiva e de suas próprias limitações com a identificação de novas competências que estejam de acordo com seus novos propósitos empresariais. Conforme pesquisa de revista *Você S/A* (2014, p. 34-41), envolvendo empresas como a Avon, Facebook, Generail Electric, Google, Johnson & Johnson, Netshoes, Nívea e Pão de Açúcar, existem novas competências específicas:

Quadro XX – Novas competências específicas.

Novas competências corporativas	Interpretação
Cuidado com as pessoas	A cultura organizacional deve ser permeada pela confiança mútua, envolvendo empresa, colaboradores internos e externos. Cuidado e confiança nas pessoas estimulam o trabalho em equipe e traduzem uma gestão mais ágil.
Sinergia	Profissionais capazes de visualizar oportunidades de economia na sua área de atuação, bem como de outros negócios que visem melhorar o serviço, reduzir o custo operacional e logístico do conjunto de operações.
Habilidade de abrir mão da liderança	Todos os funcionários podem ser colaboradores em potencial, não sendo os níveis hierárquicos superiores limitadores de opiniões e sugestões que possam contribuir para o bom andamento do negócio. Em síntese, a empresa deve saber ouvir o seu público interno.
Adrenalina nos negócios	Paixão que visa atender da melhor forma possível e no menor prazo os problemas que porventura os clientes tenham. É estar sempre ligado às possíveis soluções.
Ditar as tendências	Impulsionar as inovações e antecipar as novas tendências de mercado, no sentido de buscar novas soluções aos problemas dos clientes.
Criar propósito	Na venda direta, trazer a inspiração no sentido de não somente fazer, mas fazer as coisas acontecem por meio da comunicação inspiradora para a equipe.
Interpretar cenários complexos	Num mundo ultradinâmico, existe a necessidade da revisão e incorporação de novos valores, a partir da interpretação de cenários diversos e por vezes complexos.
"Ser desastrado".	Na busca da agilidade e inovação, existe a necessidade de pessoas que saibam agir rapidamente, sem receio de que algo saia fora do planejado, mas ainda dentro da cultura empresarial.
Simplicidade	É fazer algo de forma diferente, de forma não mecânica e inovativa, mas ainda assim eficiente e mais lucrativa.

Fonte: adaptado da revista *Você S/A* (2014).

Dessa forma, a grande mudança será de um sistema de avaliação de competências para um sistema de avaliação para competências, em que a empresa terá mapeada as competências necessárias para que esta tenha um desempenho na sua melhor forma.

Outra grande mudança reside na transferência de parte dos pressupostos da área de Gestão de Pessoas para toda a organização. Como a tendência das empresas no mundo é o **_downsizing_** e o **_rightsizing_**, torna-se clara a percepção de que as empresas terão de formular outra estrutural organizacional, de forma a se tornar mais flexível.

- Entende-se por *downsizing* uma estratégia empresarial que visa à diminuição do tamanho da empresa, por meio da eliminação dos níveis hierárquicos, cargos e da burocracia interna, onde se apresentará uma nova estrutura organizacional. O objetivo é a remodelagem para um modelo de empresa mais eficiente, que a torne mais competitiva e sustentável. Para sua realização, é necessário um planejamento que vise identificar que processos e funções devem ser eliminadas ou terceirizadas para a redução de custos, sem comprometer as atividades-chave da empresa. Essa estratégia deve ser uma ação preventiva e não somente a ser adotada em tempos de crise. Como principais benefícios, a empresa pode agilizar o processo decisório e focar nas necessidades e desejos de seus consumidores. Nesses processos, a empresa deverá, obrigatoriamente, rever os critérios de análise de desempenho profissional.

- Entende-se por *rightsizing* a procura por identificar e remodelar a empresa para uma estrutura ideal que vise maximizar a eficiência operacional, no sentido de otimizar o número de cargos e funções. Uma das formas de obter essa nova estrutura é a utilização maciça de tecnologia da informação para uma identificação clara de que estrutura organizacional é realmente necessária para que a empresa desempenhe com êxito suas funções.

Diferentemente da reengenharia, estratégia que surgiu na década de 1980, que consistia, essencialmente, em demitir empregados e depois recontratá-los com salários menores, essas duas estratégias anteriores visavam à criação de novos modelos organizacionais que buscassem rever os atuais paradigmas e a reflexão de novas formas de administrar uma empresa.

Essa nova estrutura de empresa preconiza um grupo de colaboradores mais maduros, com competências mais definidas e, consequentemente, voltadas para resultados.

Panorama

O mercado de trabalho é bastante dinâmico. Além da concorrência doméstica, as empresas devem considerar que, cada vez mais, o ambiente internacional as tem pressionado de forma a se tornarem mais competitivas, em todos os níveis.

Somente atender o cliente externo não é suficiente. O bom atendimento depende de bons produtos e serviços, bem como um público interno devidamente capacitado e motivado, no sentido de oferecer a mesma percepção de qualidade interna para a externa.

Essa busca de qualidade deve ser continua e a empresa deve descobrir novas formas de capacitar, avaliar e valorizar seus colaboradores internos. Esse é o maior desafio para as empresas que atuam neste ambiente globalizado.

Resumo por tópicos

- Empresas devem se preocupar com o plano de sucessão para garantir a sustentabilidade gerencial de sua empresa.
- Empresas devem procurar constantemente novas formas de capacitar seu público interno. Uma das formas mais tradicionais é o treinamento corporativo, que pode envolver toda a empresa.
- *Coaching* e *mentoring* são formas mais aprimoradas de capacitar rapidamente talentos de níveis mais elevados dentro de uma empresa.
- A busca constante por novas formas de capacitação deve levar em consideração a abertura das economias ao mercado internacional, de forma a tentar atrair e manter talentos humanos que possam transitar livremente pela diversidade internacional.
- Mais e mais empresas estão participando do processo de expatriação de seus executivos e assumindo uma nova postura gerencial.

2. Conclusões

O mercado de trabalho passou por diversas mudanças que afetaram as organizações, as relações de trabalho e, consequentemente, as carreiras profissionais. O "emprego para a vida toda", que norteou gerações, hoje está em vias de extinção, somente existindo em alguns países, como o Japão.

Nesse novo ambiente, os profissionais não podem depender, unicamente, do planejamento de carreira elaborado pelas organizações. Assim, é responsabilidade dos próprios colaboradores gerenciar suas carreiras. Para analisar a importância do planejamento de carreira no desenvolvimento profissional, uma pesquisa bibliográfica, descritiva e exploratória foi realizada. Ressalta-se que o processo de planejamento deve considerar os seguintes aspectos: identificação das oportunidades de carreira, o autoconhecimento, os objetivos da carreira aliado com os objetivos de vida e o plano de ação.

O conteúdo deste livro constatou que, quando executado pelas organizações, o planejamento de carreira visa estabelecer critérios que permitam ao colaborador desenvolver sua trajetória junto à empresa. Já o planejamento de carreira realizado pelo profissional proporciona um senso de direção, com ações condizentes aos objetivos estabelecidos – compreendendo melhor o passado, com um olhar aperfeiçoado para o futuro – de acordo com os anseios profissionais. O Plano de Carreira é considerado um plano estratégico para a empresa, visto que possibilita uma definição do potencial do profissional e da equipe, programando o tempo necessário para que os objetivos e metas sejam alcançados.

O processo de avaliação e valorização dos colaboradores internos não pode se restringir à área de Gestão de Pessoas, mas deve ser analisada em conjunto com todos os outros setores da empresa.

Atualmente, são inúmeros os desafios que a empresa deve enfrentar. Entre os mais contundentes, a concorrência nacional e a internacional, que submete as empresas a constantes autoavaliações, e a procura de novas propostas de comercializar seu portfólio para os consumidores, bem como aprimorar seus colaboradores internos. Desta forma, a transformação será um dos maiores resultados da organização.

Glossário – Unidade 4

Aprendiz – o termo codifica a relação mais profunda entre quem ensina e quem, com respeito, recebe os ensinamentos.

Coaching – é uma atividade de formação em que o tutor acompanha e prepara, de forma mais particularizada, por exemplo, um grupo de alunos, a fim de aprimorar a carreira acadêmica deles.

Downsizing – é uma técnica empresarial que visa à diminuição do tamanho da empresa por meio da eliminação dos níveis hierárquicos, cargos e da burocracia interna, apresentando como resultado uma nova estrutura organizacional mais enxuta.

Empresabilidade – capacidade de desenvolver as habilidades dos profissionais a fim de conseguir melhores oportunidades de emprego.

Expatriação de executivos – processo gerencial que visa à transferência de executivos da empresa, para outros países, com a finalidade de eles executarem suas atividades e funções em filial exterior dela.

Mentoring – ferramenta de desenvolvimento profissional em que uma pessoa mais experiente (mentor) ajuda outra menos experimentada (aprendiz) e, em grande maioria, mais jovem. Esse mentor atua como um conselheiro que tem vasta experiência profissional no campo de trabalho em que o aprendiz está se inserindo.

Rightsizing – ferramenta com qual procura-se remodelar a empresa, segundo uma estrutura ideal que vise maximizar a eficiência operacional, no sentido de otimizar o número de cargos e, dentro deles, as funções.

Treinamento comportamental – atividade de responsabilidade da empresa que visa modificar o comportamento de seus profissionais, no sentido de corrigir atitudes consideradas inadequadas às atividades e funções propostas, bem como implementar novas mentalidades.

Referências

ADIZES, I. *Os ciclos de vida das organizações*: como e por que as empresas crescem e morrem e o que fazer a respeito. São Paulo: Pioneira, 1988.

ADMINISTRADORES. Disponível em: <http://www.administradores.com.br/artigos/academico/gestao-de-carreira/70938/>. Acesso em: 14 dez. 2014.

AGÊNCIA ESTADO. Depósitos no Monte dei Paschi caem após escândalo. *Estadão*. Caderno Economia. 30 mar. 2013. Disponível em: <http://economia.estadao.com.br/noticias/economia-geral,depositos-no-monte-dei-paschi-caem-apos-escandalo,148976,0.htm>. Acesso em: 18 set. 2013. ANDER-EGG, E. *Introducción a las tecnicas de investigación social*: para trabajadores sociales. Buenos Aires: Humanitas, 1978.

AMATUCCI, M. (2000). *Perfil do administrador brasileiro para o século XXI:* Um enfoque metodológico. Tese de doutorado, Faculdade de Economia e Administração, Universidade de São Paulo, São Paulo, SP, Brasil.

ANDER-EGG, E. *Introducción a las tecnicas de investigación social*: para trabajadores sociales. Buenos Aires: Humanitas, 1978.

BITTENCOURT, C. C. *A gestão das competências gerenciais*: a contribuição da aprendizagem organizacional. Tese (Doutorado em Administração). Porto Alegre: PPGHA/Universidade Federal do Rio Grande do Sul, 2001. Disponível em: <http://www.lume.ufrgs.br/bitstream/handle/10183/1793/000308546.pdf?sequence=1>. Acesso em: 15 jun. 2014.

BRUM, A. J. *O desenvolvimento econômico brasileiro*. Rio de Janeiro: Vozes, 2005.

CAVUSGIL, S. T.; K., G.; RIESENBERGER, J. R. *Negócios internacionais*. Estratégia, gestão e novas realidades. São Paulo: Pearson, 2010.

CECCONELLO, A. R.; AJZENTAL, A. *A construção do plano de negócios*. São Paulo: Saraiva, 2008.

CEDECOM. Centro de Comunicação da UFMG. *Reitores brasileiros e chineses discutem parcerias acadêmicas*, 16 mar. 2007. Disponível em: <http://www.ufmg.br/online/arquivos/005324.shtml>. Acesso em: 20 maio 2009.

CHAVES, E. O. C.; FALSARELLA, O. M. Os sistemas de informação e sistemas de apoio à decisão. *Revista do Instituto de Informática,* v. 3, n. 1, p. 24-31, 1995.

CRIDAL, A. *Metodologia de aprendizagem vivencial para o desenvolvimento de competências para o gerenciamento de projetos de implementação de sistemas de informações*. Florianópolis, 2003. Disponível em: <teses.eps.ufsc.br/defesa/pdf/5914.pdf>. Acesso em: 20 jun. 2014.

CITATI, P. *Proust e a recherche*. São Paulo: Companhia das Letras, 1999.

CLEMENTS, J. P.; GUIDO, J. *Gestão de Projetos*. São Paulo: Cengage, 2014.

COCA-COLA BRASIL. Disponível em: <https://www.cocacolabrasil.com.br/coca-cola-brasil/>. Acesso em: 23 dez. 2014.

CRIPE, E. J.; MANSFIELD, Richard. *Profissionais disputados*: as 31 competências de quem agrega valor nas empresas. Rio de Janeiro: Campus, 2003. p. 14, 25-7.

DAVENPORT, T.; PRUSAK, L. *Conhecimento empresarial*. Rio de Janeiro: Campus, 1999.

DICKENS, P. *Mudança global*. Mapeando as novas fronteiras da economia mundial. 5. ed. Porto Alegre: Bookman, 2007.

DOZ, Y.; PRAHALAD, C. K. *The Multinacional Mission*: Balancing Local Demands and Global Vision. 1. ed: New York: Free Press, 1987.

DRUCKER, P. *A administração na nova sociedade*. São Paulo: Nobel, 2005.

DRUCKER, P. *Desafios gerenciais para o século XXI*. São Paulo: Cengage Learning, 2007.

DUTRA, J. S. (Org.). *Competências*: conceitos e instrumentos para a gestão de pessoas na empresa moderna. São Paulo: Atlas, 2004.

DUTRA, J. S. *Gestão por competência*: uma proposta para repensar a gestão de pessoas, 6. ed. São Paulo: Gente, 2001.

EXAME. Disponível em: <http://exame.abril.com.br/rede-de-blogs/sua-carreira-sua-gestao/>. Acesso em: 17 dez. 2014.

FERREL, O. C. Ética empresarial: dilemas, tomadas de decisões e casos. Rio de Janeiro: Reichmann & Affonso, 2001.

GAMA. R. Um quinto da geração Y já chefia equipes. O Estado de S. Paulo, *Economia & Negócios*, São Paulo, 18 mar. 2010. Recuperado em: 14 jul. 2011. Disponível em: <http://www.estadao.com.br/estadaodehoje/20100318/not_imp525788,0.php>.

GEUS, A. de. *A empresa viva*. Rio de Janeiro: Campus, 1999.

GILLEN, T. *Assertividade*. São Paulo: Nobel, 2001.

HSM Management Update. *Os brasileiros são mais juniores*, n. 57, 2008. Recuperado em: 25 jun. 2011. Disponível em: <http://www.hsm.com.br/artigos/os-brasileiros-sao-mais-juniores>.

HSM Management. Ferramentas para o futuro. *Revista HSM Management,* n. 30, jan./fev. 2002, p. 18.

KUAZAQUI, E. (Ed.) *Administração para não administradores*. São Paulo: Saraiva, 2006a.

KUAZAQUI, E. (Org.). *Liderança e Criatividade nos Negócios*. São Paulo: Thomson: 2006b.

KUAZAQUI, E. *Gerações*: o caso de uma instituição de ensino superior. Resende: IX Simpósio Pedagógico e Pesquisas em Comunicação, 2014.

KUAZAQUI, E.; KANAANE, R. *Marketing e desenvolvimento de competências*. São Paulo: Nobel, 2004.

LOJAS RENNER. Disponível em: <http://portal.lojasrenner.com.br/renner/front/institucionalPrincipios.jsp>. Acesso em: 23 dez. 2014.

MASIERO, G. *Negócios com Japão, Coreia do Sul e China*. Economia, gestão e relações com o Brasil. São Paulo: Saraiva, 2007.

MARTINS, S. P. *Direito do Trabalho*. 12. ed. ver. atual. e ampl. São Paulo: Atlas, 2000. p. 193-4.

McCLELLAND, D. C. Testing for competence rather than intelligence. *American Psychologist*, jan./1973, p. 1-14. Disponível em: <http://www.lichaoping.com/wp-content/ap7301001.pdf >. Acesso em: 13 jun. 2014.

MEC. Ministério da Educação. *Formulário do Plano de Desenvolvimento institucional*. Disponível em: <http://www 2.mec.gov.br/sapiens/Form_PDI.htm>. Acesso em: 5 maio 2014.

MINARELLI, J. A. *Empregabilidade*: como ter trabalho e remuneração sempre. 10. ed. São Paulo: Gente, 1997.

MORGAN, G. *Imagens da organização*. São Paulo: Atlas, 2011.

MURPHY, T. *Achieving Business Value from Technology:* A Practical Guide for Today's Executive. New Jersey: John Wiley & Sons, 2002.

NASCIMENTO, A. M. *Curso de Direito do Trabalho*. 18 ed. rev. e atual. São Paulo: Saraiva, 2003. p. 717.

NONAKA, I.; TAKEUCHI, H. *Criação de conhecimento na empresa*, como as empresas japonesas geram a dinâmica da inovação. Rio de Janeiro: Elsevier, 1997.

NUNES, L. H., VASCONCELOS, I. F. G.; JAUSSAUD, J. *Expatriação de executivos*. São Paulo: Thomson, 2008.

OHMAE, K. *Além das fronteiras nacionais*. São Paulo: Pioneira, 1989.

OLIVEIRA, A. *Empresas na sociedade*. Sustentabilidade e responsabilidade social. São Paulo: Elsevier, 2008.

OLIVEIRA, D. P. R. *Planejamento Estratégico*. Conceitos, metodologia, práticas. 9.ed. São Paulo: Atlas, 1996.

OLIVEIRA, D. de P. R. *Plano de carreira*. Foco no indivíduo. 2. ed. São Paulo: Atlas, 2013.

PRAHALAD, C. K.; HAMEL, G. *Competindo pelo futuro*: estratégias inovadoras para obter o controle do seu setor e criar mercados de amanhã. Rio de Janeiro: Elsevier, 2005.

RELATÓRIO DE ESTÁGIO SUPERVISIONADO DA ESPM, 2014.

REVISTA VOCÊ SA. As novas competências exigidas por Avon, Facebook, GE, Google, Johnson e Johnson, Netshoes, Nívea, Pão de Açúcar. 198 ed. Abril/2014.

RHINESMITH, S. H. *A Manager's Guide to Globalization*: Six Keys to Success in a Changing World. American Society for Training, 1992.

RIFKIN, J. *O fim dos empregos*. O declínio inevitável dos níveis dos empregos e a redução da força global de trabalho. São Paulo: Makron, 1996.

RODRIGUES, J. M. *Remuneração e competência*: onde termina a retórica e começa a realidade? Um estudo de caso em empresa do setor siderúrgico. 17-21 set. 2005. Brasília: Anais... XXIX Enanpad Encontro da Anpad,

ROSA, J. A. *Carreira, planejamento e gestão*. São Paulo: Cengage, 2011.

RUMMLER, G. A.; BRACHE A. P. *Melhores desempenhos das empresas* – uma abordagem prática para transformar as organizações através da reengenharia. São Paulo: Makron Books, 1994.

SÁ, S. Geração Z: quem são os consumidores do futuro? *Portal Exame*, 2010. Recuperado em: 10 jun. 2011. Disponível em: <http://exame.abril.com.br/marketing/noticias/geracao-z-quem-sao-consumidores-futuro-596163>.

SAMUELSON, R. J. A chamada geração Y se tornará uma geração ingênua? O Estado de S. Paulo. *Economia & Negócios*, São Paulo, p. 14, 15 mar. 2010.

SROUR, R. H. *Ética empresarial*. A gestão da reputação. 2. ed. Rio de Janeiro: Campus, 2003.

SROUR, R. H. *Ética empresarial*. O ciclo virtuoso dos negócios. São Paulo: Campus, 2008.

SÜSSEKIND, A. et al. *Instituições de Direito do Trabalho*. 18. ed. atual. São Paulo: LTr, 1999. p. 353.

THE FOUNDATION FOR LEADERSHIP AND LEARNING. Disponível em: <www.tfll.org>. Acesso em: 30 nov. 2012.

TOLEDO, F.; MILIONI, B. *Dicionário de Recursos Humanos*. 3. ed. São Paulo: Atlas, 1994.

TRUJILLO FERRARI, A. *Metodologia da ciência*. Rio de Janeiro: Kennedy, 1974.

WAGNER III, J. A. & HOLLENBECK, J. R. *Comportamento organizacional*. São Paulo: Saraiva, 2003.

WOODS JÚNIOR, T. PICARELLI, F. *Remuneração por habilidades e por competências*. São Paulo: Atlas, 1997.

Edmir Kuazaqui

Possui graduação pela Faculdade de Administração e Ciências Contábeis Tibiriçá, especialização em Administração pela Universidade Presbiteriana Mackenzie, pela Universidade Presbiteriana Mackenzie e pela Escola Superior de Propaganda e Marketing (ESPM). Tem mestrado e doutorado em Administração de Empresas pela Universidade Presbiteriana Mackenzie. É professor da ESPM e proprietário da Academia de Talentos. Tem livros e artigos publicados.

Admir Kurazaqu

Possui graduação pela Faculdade de Administração e Ciências Contábeis Tibiriçá, especialização em Administração pela Universidade Presbiteriana Mackenzie, pela Universidade Presbiteriana Mackenzie e pela Escola Superior de Propaganda e Marketing (ESPM). Tem mestrado e doutorado em Administração de Empresas pela Universidade Presbiteriana Mackenzie. É professor da ESPM e proprietário da Academia de Talentos. Tem livros e artigos publicados.

Impresso por

www.metabrasil.com.br